JN034706

本書は 2019 年 10 月に新幹社より刊行された『多文化共生の思想とその実践』（原尻英樹・著）を加筆・訂正して出版したものです。

（新幹社）

日本の出入国

と

共生の理念

——伝統文化から考える——

原尻 英樹

新幹社

目次

まえがき

　このブックレットは、2019年6月1日に、神戸で行われた一般
社団法人・在日韓国商工会会議所・神戸主催の講演内容に基づいて
います。

　以下で取り上げる、ひとつひとつのトピックは詳しく考えると、
実は相当時間がかかることを書いておりますが、多文化共生構想に
関わる講演なので、基本的な事実をまず提出して、それに通底する
基本的考え方について論を組み立てていきます。

　まず、イントロダクションとして、これまで私がやってきたフ
ィールドワークの話から始めます。これを通して、在日コリアンに
ついての理解を深めていただければどうかと思います。卒業論文で
在日コリアンのことを書いた私は、修士論文では九州の筑豊の在日
コリアンの調査に基づいた研究をすることにしました。かれこれ
30年以上前のことです。これは、後に、卒業論文と修士論文で、
『在日朝鮮人の生活世界』という本として出版しました。この本が、
在日コリアンについてのフィールドワークに基づいた、文化人類学
的なはじめての研究書になりました。最初は福岡から通いで現地に
行っていたのですが、次には現地に滞在して調査を進めました。こ
れをやりながら、週末には現地の飲み屋に行っており、ここでは、
毎日溜まったストレス発散をしておりました。異文化に身をおいて

いるとか、マイノリティの集住している場所に一人でポツンといる、といったことがストレスではなく、当事者である在日コリアンから毎日聞く話が、不当な差別、不条理対応ばかりだったからです。在日コリアンはこれでは日本で生活できないと思っていました。「日本では、なぜ朝鮮人に不当な扱いをするのか。間違っている」などと、毎週、怒鳴っておりました。こんなことをしていると、ある週末、在日コリアンの店の主人から、「おまえは朝鮮人か」と聞かれ、「私は朝鮮人ではない、日本人である」と返答しました。次に、「あなたが言っていることは正しい。しかし、私も在日コリアンだが、だからといって、日本に対して不平不満だけ言ってもどうしようもない。我々は、これに負けてしまってはそれでおしまいであって、負けるわけにはいかないんだ」と言われ、「分かりました。どうも、ご迷惑をおかけいたしました」と返答しました。このおじさんからたしなめられたのですが、この言葉は今でも重く残っています。

朝鮮人には金儲けの人生しかない

　筑豊ではいろんな方と知り合いました。なかでも、最も関わったのが、日本名「柴田龍基さん」です。もうだいぶ前にお亡くなりになりましたし、この方をご存知の方もほとんどいません。入管についてだけでなく、この方のおっしゃる、「朝鮮人には金儲けの人生しかない」、これは在日コリアンを理解する上でかなり重要であり、当事者の在日コリアンにとっても、自己理解を深めるために重要に

なるでしょう。

　普通の日本の人が、朝鮮人には金儲けの人生しかないなどと言われても、何のことだか分かりにくいでしょう。実は、この一言は、在日コリアンの置かれている状況を端的に表す言葉になっています。柴田さんは、これに続けて、金儲けしかできないから、それが朝鮮人根性になっている。朝鮮人根性が一番良くない、となります。この言葉の意味を理解するために、まずは、この方の略歴から話を始めましょう。戦前、この方は、朝鮮人には珍しく、陸軍航空少年兵になりました。いわば軍人になるための学校に行ったのです。当時、朝鮮人の社会的上昇は制限されていましたが、軍人は別でした。後に韓国大統領になった朴正熙は、陸軍士官学校卒でした。学校では、朝鮮人、日本人と差別する教官もいましたが、差別しない教官もいたそうです。ここでは、日本人もいろいろでまともな日本人もいることが分かりました。しかしながら、日本が戦争に負け、敗戦になると、サンフランシスコ講和条約以後朝鮮人は日本国籍を剥奪され、何をどうしたらいいか分からない時代になりました。柴田さんは、このような無政府状況のなかで、ヤクザな世界に身を置きます。これと同様だったのが上の兄でした。ヤクザの出入りで兄は死にましたが、柴田さんはそのままヤクザな世界で生活を続けます。こんな世界にいたので、朝鮮人があくせくして、なんとか生き残れるように金儲けをしていたのとは対称的な世界にいたことになります。当時の朝鮮人は何の方向性もなく、ただ、生きていくだけ、生活するだけの生活が普通でした。とはいえ、それなりの意識をもち、朝鮮

人連盟を立ち上げ、日本共産党の指導のもと在日朝鮮人をまとめようとした人々もいて、全部が全部毎日の生活に追われるだけではなかったのですが、一般民衆の在日コリアンにとっては、こちらの方が普通だったといえるでしょう。一世の朝鮮人にとっては、外国にいるのですから、本国とは同じようにはできないという一種のあきらめがあったでしょうが、日本生まれで日本育ちの二世は、日本人とは対等ではないという、一種の怒りがありました。柴田さんもその中のひとりでした。大半の朝鮮人はこの怒りを、金を儲けることではらすことになっていました。一部の運動家を除いて、それ以外で朝鮮人が生きていく生き方がなかったからです。

　日本が戦後高度経済成長になるまでは、大半の在日コリアンは貧困で苦しんでいました。ところが、高度経済成長期になると、なんだかんだで仕事ができるようになり、それなりに豊かになっていきました。なんだかんだの仕事が、普通の日本人ならやることを嫌う、パチンコ屋、ソープランド経営などです。これがのちに、いわゆる在日コリアン産業といわれるような職業になりました。高度経済成長になって、どうしても必要になる第三次産業が在日コリアンの仕事になったわけです。つまり、日本政府の方としては、朝鮮人には金儲けだけさせておく、という考え方だったのです。今では国籍記載が朝鮮であれ、韓国であれ、名目上は企業就職も可能ですが、こんな形になってからまだそれほど時間が経っていません。つまり、名目上でさえ、在日コリアンには職業選択する可能性が狭かったのです。また、改善されたからといって、無条件に在日コリアンが就

職できるわけでもありません。事実上、昔の流れがまだ残っている面もあるからです。実質的に、高学歴で、いわば偏差値のより高い有名校出身者ならば、大企業就職も可能になりましたが、現在でもそれほどでもない大学出身者にはそれほどの選択肢があるわけではありません。もともとは、在日コリアンは医者にならなければ、どんなに高学歴でも、自営業の焼肉屋ぐらいしか職がありませんでした。つまり、社会上昇からはずされていたのです。これで分かるように、在日コリアンにはもともと金儲けの人生しかありませんでした。前述のように、最近では企業就職なども可能になっており、金儲けだけの人生にはなっていませんが、それでも、普通の日本人とは同じような状況ではなく、昔の流れがまだ残っています。柴田さんがこれを語ったのは、30年以上前ですから、まだ、これが今以上に続いていた時代です。

　通常、青年期になれば、自分が将来何になるかについて夢をもち、それになるために努力をするでしょう。在日コリアンの場合、こういった夢を描くことが大変困難だったことになります。周りの大人を見てもすべて自営業で、金儲けばかり考え、そして実行している人ばかりです。こういった夢には自分の実利などではなく、自分なりの人生での達成感があり、また、社会的に何かを認めてもらえる承認が含まれています。こういったことが、すべて不可能だと思わされてしまうわけです。そして、実際、実利と金儲けだけが生きがいになっている大人しかいないならば、やはり、気持ちが萎えてしまうでしょう。在日コリアンでこれを達成している例外的な人々が

確かにいます。その多くは芸能人です。そして、歴代の一大スターのなかには確かに在日コリアンもいます。ハングリー精神で何とか生き残り、自分の実力でトップスターになった人もいます。通常、そんなトップスターに誰もがなれるわけがありません。日本人ならば、普通の人生で、普通に生きて、自分なりの人生を歩むことができます。それほどのトップになれなくとも、自分なりに満足のいける人生があるのです。金儲け以外の人生がないというのは、このようなことにはならないという意味になります。

　ここまで書けば、在日コリアンには普通の日本人が歩めるような人生がないことが分かるでしょう。確かに、このような困難な条件をはねのけ、日本国籍も取得して、堂々と韓国名を名乗っている、ソフトバンクの孫正義というような人もいます。例外的な人を探そうと思えば、在日コリアンにも例外的な人もいますが、大半の人はそうではありません。

　これと似たようなことは確かにアメリカにもあります。いわゆる、コリアン・アメリカンで1．5世代と言われる人々、小学生ぐらいのときにアメリカに移民で来た人々です。これらの人々は、アメリカ人と同等ではなくとも、英語で、普通にアメリカで生活できる人々ですが、知的なレベルでの言語理解力には、個人差があり、十分ではない人もいます。親の方は、出世してもらいたいと願い、一流大学進学を望んでいますが、思ったとおりにすべてなるはずもありません。一部を除くと、そこそこの学歴しか獲得できない人々がかなりの数になります。アメリカ市民権もあり、制度的な差別はあ

りませんが、社会的上昇からは事実上はずれている人々です。この場合、アメリカ全体が競争社会であり、その競争に負けてしまったということであって、新着移民だからそれに参入できないということではありません。これと対称的なのが、これらの人々の親である移民第一世代です。移民第一世代は、24時間、一日中仕事をしてきました。本来的にはアメリカの法律でも労働制限があるのですが、そんなことは何も気にせず、働くだけ働き、貯められるだけの金を貯めています。徹底的なハングリー精神といえるでしょう。通常のアメリカ人の2倍、3倍働いています。アメリカではアフター5、午後5時以後は仕事はせずに、土日も完全な休暇が普通ですが、これらの人々は、そんなこと何も関係なく、仕事を継続しています。これだけの仕事の量なので、通常のアメリカ人よりも収入が多くなります。第1世代の成功の理由のひとつがここにあります。しかしながら、1.5世は、普通のアメリカ人の感覚しかありませんから、親がやるようなことはすることはありません。比較すると、制度的に社会的な上昇ができなくされているのが日本であり、アメリカでは制度的なレベルでの社会上昇は可能であるが、実質的な競争に新着移民の子どもはなかなか勝ちにくいという違いがあります。しかも日本の場合、第一世代でもない、二世以後のすべての世代に対して、制度的な社会上昇の制限があります。「在日コリアンには金儲けの人生しかない」の意味がご理解いただけるでしょう。

　現在の在日コリアンで50代以上の人は、「在日コリアンには金儲けの人生以外ない」という言葉が当たり前だった世代になります。

これまで、金儲けだけが目的の人生を生きてこなければならなかった人々にとって、多文化共生はどう響くでしょうか。日本人、外国人の別なく、すべての人が自分なりの人生を自分なりに生きていけると聞けば、「本当はそれがいい」と思うことでしょう。これに加えて、自分とはもともと何の関係もない、別の外国人から、「多文化共生のおかげで、子どもたちが元気よく育ちました」と単に聞くだけで、うれしくなるでしょう。自分が無償で努力したおかげで、幸せになっている子どもがいるからです。これに、本当に直接関わってその人々への助言をした子どもたちから「おじさん、ありがとう」と言われたらどうでしょうか。金儲けだけではない、自分の人生の証ができるのではないでしょうか。多文化共生の活動を在日コリアンがやることは事実人間性の回復であり、本来自分がやろうと思っていたことをできるようになる絶好のチャンスになります。これまで、自分の利益、自分の儲けばかり考えてしか生きていけなかった人々が、別の人生、日本の普通の人が普通にできることを自分たちもできることになるだけで、実は幸せになれるのです。

「朝鮮人には金儲け以外の人生などない」についての説明は以上になります。

セグレゲーションを考える

次に、やはり、普通の日本の人には分かりにくい発言を取り上げることにします。これにて、英語で言う、segregation の意味が分

かるでしょう。

　通常セグレゲーションというと意図的、差別的な追い込み、追い出しといった意味で捉えられますが、実のところ、そこまで露骨な態度はあまりとられることはなく、現実は、結果としてのセグレゲーションの意味のほうが重要になっています。

　放送大学で放送番組を制作していたとき、現場（大阪の八尾市）の在日コリアンの年配の女性から、「お葬式いうてもなあ、何をどうしていいか、わかりませんねん」という発言がありました。この番組では、この意味について収録しています。それによると、以下の通りです。日本人の葬式に呼ばれることが何度かあったといいますが、実のところ、葬式のときに何をどのように話せばいいか分からないので、葬式はなるべく行かないようにしているというのです。簡単に言えば、通常、「ご愁傷様です」と葬式で言うのですが、そういう言い方をこの女性は聞いたことがないし、教わったことがないのです。

　また、学校教育を受けていれば、マジョリティ社会での対応について学習する機会があったかもしれませんが、この女性の場合、学校教育も受けていないので、マジョリティ社会との接点がほとんどないのです。こういった人がいることを普通の日本人は知っているのでしょうか。高齢の在日コリアンのなかにはこういった女性は例外的ではないのです。

　年配の在日コリアンの女性の場合、女性は教育を受ける必要がないということで学校教育を受けられなかった人が相当数おり、人間

関係は在日コリアンだけになっています。一応、言葉は日本語も方言もできますが、日本人との関わりが希薄なため、日本人にとっては常識的なことも学習できていないのです。しかしながら、日常的にある程度関わりがあった隣近所の人が葬式に来ないということになれば、普通の日本人だと非常識だと思うでしょう。しかも、葬式のときに何をどうしたらいいかわからない人がいるなどと考えることもないでしょう。実際はいるのであって、このような女性が教育を受けられなかったということ、日本人との関係が制限されてきたということは、実質的にはセグレゲーションの結果として見なければならないでしょうが、関わった人は誰も、この女性を追い出したなどとは思ってはいません。結果としてセグレゲーションの状況になっているだけです。

　もともとの日本人が大切だと考えてきた人と人との間の関係からすると、その人一人ひとりの条件、環境を見極めながら、関わりを作らなければならないでしょう。マイノリティである在日コリアンは、日本人との関係が実質的に制限されてきた歴史があるので、それを取り戻すための努力が、日本人側にも在日コリアン側にも必要だと考えられます。実を言えば、「ご愁傷様と言うのですよ」と誰かが言えば、すべては終わりになるような話でしかないでしょう。だれもそんなことを言わなかった歴史がこの女性の生活史には刻まれていると言わなければなりません。マジョリティがマイノリティに対して偏見を持つのは、このように相手に対して十分な知識、認識を持っていないからだと言えるでしょう。関わらない関係が当た

り前になっていることが、実はセグレゲーションなのであって、昨今のヘイトスピーチで出されているような、「朝鮮人出て行け」というような、誰が聞いても非常識な言葉を投げかけるような極端なことではない、ということがおわかりでしょう。

「なんで、お葬式、来なかったん。皆心配してましたで」と、誰かが言えば、事情は間違いなく分かったでしょう。恐らく、分かった人は、「この方、こんな目にあって、生きてきたんやわ」と実感するでしょう。こんなことが、これまで一度もなかったから、こうなっているだけと言えるでしょう。

皆さん、こんな話を聞いて、涙が出てきませんか。残念ながら、こんな話は、私みたいに在日コリアンと長年関わりのある人からしか話が出ないでしょう。だから、私が話しているのです。普通の日本の人はこんなことは知らないということが、在日コリアンと日本人とが関わりが希薄であるという証拠になります。私のように特別に研究している人しか知らないことなので、大変重い話になりますが、私が伝えるしか手段がないのです。

上述のように、たった一言で済むようなことが、一生涯の問題になぜなるのでしょうか。ここで分かることは、つきあい、コミュニケーションがいかに重要かということであり、日常的に普通に関わることがお互いにとって、結果的には大変な利益になるということでしょう。人と人の間という当たり前の日本文化の伝統のもつ考え方と、その実践のもつ有り難さがあるとここで言うことができるといえるでしょう。

筑豊での調査を終え、修士論文を提出してからは、その後、ハワイ大学の大学院に留学して、それから先程の本を出版して、留学中に日本に帰国して長崎県立大学に就職しました。

　留学中は、ハワイ在住、ロサンジェルス在住コリアンの調査なども行いましたが、新着移民の生活の厳しさがあるぐらいで、在日コリアンのような不条理な対応や、差別などについてはほとんど聞いたことがなく、在日コリアンと、アメリカにいるコリアンとは事情は全く異なるということも、調査継続で分かってきました。

　日本に帰国してからは、大阪・生野（生野は在日コリアンの集住地区になります）の在日コリアンの調査を始めることにしました。何度も、数ヶ月の滞在を繰り返し、数年過ぎた頃、研究のフォーカスを在日コリアンの子どもに置くことにしました。これは後に、九州大学の博士論文で書き、その後『マイノリティの教育人類学』という著作で出版しました。

　私の生野での生活を振り返ると、大阪・生野では、飲み屋で怒鳴るなどといったことはやりませんでしたが、子どもの世界に入れば入るほど、私自身のこころが不安定になり、最終的には肉体的な病気にもなりました。これについては、指紋押捺についてのところで、後述いたします。一応、死なずには済みましたが、肉体の病は治っても、こころの問題はこれ以後、ずっとそのままです。今回の私の講演が、当事者である在日コリアンの方々にとって、こころの問題の解決の糸口になればと思っております。

　この講演では、まず、在日コリアンとは何かということにこたえ

るために、日本の出入国管理システムについて論じます。大半の日本の人々は、略称である入管とは何か、恐らくご存知ないでしょう。これについて知らないと在日コリアンについては理解することは大変難しくなります。これにて、在日コリアンのみならず、在日外国人一般についてまず基本的知識を入手していただき、次に、近代国家になるまでの日本で、外国からの人々（当時は見知らぬところからきた人々で、自らのとは違う言語を話す、異邦の人々）をどのように受け入れてきたのかについて客観的事実に基づいて論じます。大半の日本の人々は縄文時代に日本の歴史が始まり、縄文人が弥生人を受け入れたぐらいにしか考えていないだろうと思います。しかしながら、日本列島においては、明石原人から日本列島の人類史が始まるのであって、それ以前は、人間はここにはいませんでした。そして、実際は縄文人がいたのではなく、縄文時代から日本列島に人々が移住していたのであり、主に移住してきた人々が縄文人と呼ばれる人々になったのであって、最初から縄文人がいたのではありません。それから日本における時代区分では、縄文時代の終わり頃に、稲作をする人々が大量に移住してきて、これが弥生人になります。面白いことに、先住民であった縄文人とあとから来た弥生人が争うことなく、事実上共生していました。縄文人は、畑もしていましたが、水田耕作は弥生人のみでしていました。縄文人は、鉄砲水などの水害を避け、安全な場所である高台に住んでいました。水田農業をやっていた弥生人は、これとは反対に、川べりの低地に住んでいました。日本の気候・風土を分かっていない弥生人は、実は危険な場所にい

たのであり、恐らく縄文人は、弥生人に対してそれを教えたのでは
ないかと思われます。しかし、水田耕作をするためには、低地に住
まないとできないため、危険があることを知って弥生人は低地に住
んでいたことになります。鉄砲水などの際には、縄文人が弥生人を
助けた可能性もあります。

　朝鮮半島の場合、楽浪郡を中国皇帝がつくり、朝鮮半島の人々を
支配していましたから、これは日本とは事情を異にします。日本の
場合、中国からの進出方法としては、東南アジアのように、現地の
人々との交易をベースにした、支配と服従の関係ではない、平和的
な進出になっていたと見るべきでしょう。中国サイドからみると、
東方に浮かぶ、蓬莱がまさに日本列島だったのでしょう。蓬莱につ
いての神話、伝説が実際に日本列島に来た人が作ったのかどうかは
わかりませんが、生産性の高い島であるということは最初から知ら
れていたでしょう。また、そこにいる原住民が温厚であって、戦う
必要のない、交易の相手として都合のいい人々であると認識されて
いたと考えられます。実際、日本列島の人々は朝鮮半島にも倭人と
住んでいたのであって、日本進出以前に情報収集は可能であり、現
地の人間の反応も知ることができました。縄文人と弥生人との平和
的共生を、渡来人の方も考えていたといえるでしょう。

　以下ご笑覧いただければ、まことに幸いですが、入管システムに
ついて以外は重要なところはすべて日本の伝統文化についてですが、
多くの日本人でこんなことを知っている人はほとんどいないでしょ
うし、外国人ならば，まったく知らないでしょう。恐らく、指摘さ

れれば、「そういや、自分の地元でも無縁仏供養をずっとやっている」と気づく人は少なくないでしょう。それではまず、基本的な歴史についての話題ではなく、現実の在日コリアンの処遇について、まず見ていくことにします。

入管システムと戦前の特高警察

　敢えて簡単な言い方をしますと、在日コリアンの処遇についての関連文献ですと、大沼保昭、樋口直人の著作等があります。前者は入管体制の法制度化の背景、後者は、在日コリアンを含めた日本人と外国人との関係の問題点について扱っていますが、両者ともに、結論、つまり、今後どのようにしたらいいかについての積極的提案が不十分なので、問題点は何かの指摘だけに終わっているといえるでしょう。いわば、これまでの研究は、何が問題なのかについて解説しているのであって、その問題をどのように克服できるかについてではなかった、ということです。現在のいわゆる入管システムは、事実上人権に対する配慮を十分にはしておらず、この人権侵害がこれまでの研究者によって批判されてきました。批判はありましたが、だからといって、入管システムが変更されることはなく、在日コリアン中心から今ではニューカマー外国人、外国人労働者とその対象が広がっています。つまり、戦後 70 年以上にわたって、このシステムは継承されています。日本における官僚システムは、一度成立すれば、よほどのことがない限り、存続させられます。いわば、そ

のシステムが一種「伝統」になり、そのままその伝統が継続されてしまいます。恐らく、大半の日本の人々はこの入管システムについて知らないでしょう。当事者の在日コリアンで知らない人がいるわけがなく、一頃ならば、「入管」と聞いて、震え上がる在日コリアンもいたくらいです。入管を一言でいえば、在日外国人を取り締まる仕組みです。取り締まるというのは相手を犯罪者あるいは犯罪者予備軍だと考えているからですが、一種犯罪者として在日外国人を扱うのがこの入管です。

　在日コリアンについて知るためには、この入管について知らないと理解できないでしょう。そして、在日コリアンだけでなく在日外国人、外国人労働者もすべて入管の管轄下にある人々です。まず、歴史的にいうと、戦後の入管システムの担い手には、戦前の特高に関係していた人々が、相当数、含まれます。特高とは一応、「特別高等警察」の略称になるのであり、特高も警察の中の一つの組織であったので、そこで働いていた人は警察官だったのであり、戦後は事実上なんの咎めもなく、もともと特高にいた人が、法務省の出入国管理局に移っただけのことです。例えば、満州出身の朝鮮人詩人、尹東柱は、朝鮮語で詩を書いたという罪で、２年間の懲役になり、その間に死んでいます。いまだに、なぜ死んだのかは分かっていませんが、一説では、毎日注射されていたという証言もあり、可能性としては、人体実験がされていたのかもしれません。これをコントロールしていたのが特高になります。もしそうであれば、特高によって、「不逞鮮人」として逮捕され、逮捕されてから人体実験の材

料にされていたことになります。特高個々人は単に上官の命令に従っただけであって、何ら犯罪に問われることはありませんでした。日本の国益を守るためという名目で、元外国人（当時の朝鮮人は法的には日本国籍者であり、それがサンフランシスコ講和条約発効まで続いており、外国人ではなかったので、このような表記をしている。但し、満州の朝鮮人については日本国籍者であるかどうかについては疑問の余地がある。）を見張り、問題がありそうならば、取り調べを行い、不埒な朝鮮人を逮捕できるのが、入管であって、それは戦前の特高の仕事の延長でもあったわけです。このような体質の入管にあっては、多文化共生など何の意味もないでしょう。実際、入管に留め置かれている人々のうち、ここ 10 年で、何と 10 人以上が死んでいるという報道がありました。これらの人々の死因は、病死と自殺に分けられますが、自殺未遂は日常的に起こっており、人権擁護などはほとんど省みられているとは言えないでしょう。入管に留め置かれている人々とは、難民申請をしてパスできずに、そのまま入管にいなければならない人々などになります。これらの人々は何ら犯罪とは関係ない人々なのであり、一部の犯罪を犯した外国人を除くと、実際犯罪者扱いされる合理的理由などありません。犯罪者同様に扱っている入管自体が人権軽視の体質であることの方が問題でしょう。刑務所に行っても、病気になれば治療を受ける権利がありますから、入管にいる人々は、刑務所以下の処遇であることが分かります。病死の人々とは、恐らく、病気になっても放ったらかしにされて、そのまま死んでいったと見られます。今の日本でこんなことが普通に許

されている負の歴史が、実は入管になっています。人権などなにも考慮していないことは自明です。このような入管から見張られ続けられている人々が在日コリアンであり、その他の在日外国人でありますます。もともとは出入国管理局、現在は出入国管理庁の歴史は、特高からの戦前の歴史をそのまま引き継いでいます。もともと、朝鮮人を見張り、監視し、問題がありそうならば、逮捕していた人々ですから、偏見があって当たり前であって、多文化共生などの発想はあるとはいえないでしょう。いわば、こういった日本の戦前からの負の歴史を受け継いでいるのが、入管になるわけです。

　入管システムを論じるにあたり、あとひとつ付け加えなければならないことがあります。それは、入国管理と言いながら、これには含まれない外国人がいるということです。これは、日米地位協定によって、日本で生活が保証されている米軍、米兵です。簡単にいうと、アメリカの軍事基地から日本国内の軍事基地に来ているだけで、パスポートも必要なければ、ビザも必要なしで、日本に入国しています。トランプ大統領が横田基地経由で来日したことがありましたが、米兵はすべてこのような形で来日しています。以上の事情があるので、米兵は入管の管理対象にはなっていません。これで分かるように、戦後すぐの段階で、外国人と言えば、旧植民地出身者しかいなかったのであり、同時期にいた米兵は特別待遇であり、現在もそれは変わっていません。入管システムは当初は、在日コリアンの取締りであり、それがそのまま存続することで、日系ブラジル人、ニューカマー外国人、外国人労働者もその管理対象になってい

ます。事実上、外国人取締りは、政治的な意図でなされており、同じ外国人でも処遇が異なっています。日米地位協定によれば、米兵は治外法権であって、日本の法律で裁くことは、現行犯逮捕等を除くと、できなくなっています。指紋押捺を義務付けられていた在日コリアンとは大違いです。このように、アメリカ軍を例外にして、在日コリアンだけをターゲットにして、しかも、戦前の特高からの伝統を引き継がせた入管によって、在日コリアンを支配してきたといえるでしょう。

　入管システムについては、ここまでで入管についての基本的な事に触れましたが、まずは、入管システムが人権軽視の官僚組織であることをご理解いただきたいと思います。

在日コリアンの指紋押捺拒否

　次に在日コリアンとの関係で入管システムを考えるときに、必ず出されるのが、在日コリアンの指紋押捺拒否運動になります。これが起きたのは、1980年代になってからで、それまでの在日コリアンの運動は、朝鮮半島の朝鮮民主主義人民共和国か大韓民国に関連することで占められていました。しかしながら、日本で生涯暮らすつもりの在日コリアン全体にとって、日本での人権保障、社会保障が重要視されることになり、指紋押捺反対運動になりました。私自身の研究の関連でも、16歳のときに、すべての指の指紋を採取されるということのもっている在日コリアンにとっての意味とは何か

は、重要な意味があります。

　大阪生野の子どもたちの生活をかなり長期にわたって観察していた私は、小学校5年生頃になって、自他の区別をつけるようになった頃の年代の在日コリアンの子どもは、周囲との人間関係によって、自らが韓国人というよりも、「日本人ではない」という一種の決めつけ、スティグマを押されてしまうことが分かってきました。これを知れば、分かるだろうと思います。つまり、韓国人であるということではなくて、「日本人ではない」ということであり、しかも、日本生まれの日本育ちの在日コリアンの子どもは、日本人ではないところ、それ自体がほとんど何にもないのに、日本人ではないということになるのです。普通の日本の方々ならば、もし、ある日突然、「あなたは日本人ではありません」と言われたらどうするでしょうか？　もちろん、在日コリアンの親が子どものことを考えて、小さいときから「あなたは日本人ではない」ということを教えているならば、多少ともはショックは和らぐかもしれませんが、そう言われても、どこが、なぜ、日本人ではないのかと考えても、何もその理由はつかめないでしょう。子どもにとっては、この決めつけは相当なショックになります。この決めつけによって、生野の誰と関わろうとも、常に自分は日本人ではないという意識をもって対応するようになり、相手が誰になったとしても、自分と距離感があり、その距離感が縮まる実感を持てなくなります。つまり、永続する孤独感に支配されてしまうのです。

　確かに、在日コリアンとして、他にも同じような子どもがいるの

が客観的事実ですが、この年代の子どもは、そこまで他者にも同じ人がいるなどといったことを考えるだけの余裕はなく、一度自分に向けられた他者からのまなざしに、刺しぬかれてしまうのです。よく言われていることですが、「あのとき、先生はこう言った」といった話です。実は、その一言で、子どもの人生を左右するような事態になっているわけです。学校に通っているので、学校での毎日の生活の中で、日常化されている、様々なことによって、「私は日本人ではない」ということが内面化されていくので、言わば、子どもはガンジガラメにされていくのです。そして、この孤独感が数年たったあとに訪れるのが、すべての指を真っ黒にして行われる、指紋押捺になります。この儀式によって、自分が「日本人ではない」という意識が決定的になります。これによる心の傷は相当に深く、場合によっては精神疾患になる可能性さえあります。一生、癒えることのない心の傷になってしまうのです。大体、日本においてこのような指紋押捺が行われるのは犯罪者以外にいないのであって、在日コリアンが犯罪者扱いされている明らかな証明になるのが、この指紋押捺になります。

入管システムと多文化共生社会

ここまで、在日コリアンの子どものことを論じて、しかも、入管システムが戦後ずっと維持されているという事実に目を向けると、ニューカマー外国人の子どもも似たような経験をしているのではな

いかという予測がつきます。実際、日系ブラジル人の子どもについての報告を読んだところ、在日コリアンの子どもと大変似た経験をしていることが分かります。マジョリティ社会の方が変わらず、外国人への対応の基本になっている入管システムも同じならば、ニューカマー外国人の子どもと在日コリアンの子どもは似たような生活経験をすると考えられます。しかしながら、研究者でこのような比較研究をしている、という報告を私は知りません。在日コリアンについては調査がやりにくいと感じているのならば、私の出した先行研究を参考にして、比較すればよいのではないでしょうか。ニューカマー外国人については、日本語力の問題などが取り上げられ、日本語学習などが注目されていたりするようです。しかし、日本で生活しているのですから、その生活の内容について検討しなければならないでしょう。現在、日本の総務省で中心に展開されている、「多文化共生」というスローガンで、外国人の処遇改善もめざしている動きがあります。発想法とスローガンは受け入れるべきだと思いますが、具体的に何をどのようするのかを明らかにする必要があり、また、理念を明確にする必要もあるでしょう。実際、入管システムがそのままで、「多文化共生」が達成できるのかという基本的疑問もあります。但し、この種の運動では、やはり、「日本語学習」などに関心が向いているといえるでしょう。マジョリティとマイノリティとの関わり方、マイノリティとマイノリティとの関わり方、それが主題にならなければならないでしょう。そして、その主題であるべき理念とは何かも重要になるでしょう。この講演ではこれら

のことを念頭において論を展開しております。

　先の内容に戻りますが、この運動によって、やはり、指紋押捺は人権侵害ではないかという見方が日本社会にも広まりました。ところが、入管の方は、これまでの方針その他があるのであって、人権侵害だと認めるわけにはいかなかったでしょう。一応、指が黒くならないような配慮、10本の指全部ではなく、一部にするなどの対処がなされましたが、当初は廃止までには至りませんでした。しかし、在日コリアンの統計によれば、当時、すでに80％以上の在日コリアンが、日本国籍者と結婚しており、もちろん、そのなかには日本国籍取得者、いわゆる、「帰化者」も含まれているでしょうが、これによって、誕生する子どもは最初は二重国籍で、後に国籍を一つに決定することになります。この統計によれば、在日コリアンの大半は日本国籍者になるということです。さらに、帰化者の増加もあるので、近未来的には、在日コリアンの大多数は日本国籍ということになります。こういった環境条件があり、入管の方としては二重国籍者を含めた日本国籍者から指紋を取得することはできないと判断したため、在日コリアンの大半が属している特別永住者からの指紋押捺はなくなることになりました。実際上、在日コリアンの一世、二世、三世とすべて指紋をとっており、その後日本国籍になる人からの指紋は取れないだけですから、入管としては資料的には十分だと考えたでしょう。但し、その他の外国人の処遇は同じですから、これまでと同じように、他の外国人、ニューカマー外国人、外国人労働者には全く同じ処遇が継続しています。つまり、日本国籍

者が増大している在日コリアンが除外されただけで、外国人処遇は
そのまま入管システムでコントロールされています。

　これだけ非人間的な取り扱いを日本がしてきたことを、恐らく大
半の日本人は知らないでしょう。しかしながら、これが事実です。

　入管は、既に論じたように、戦前の特高の伝統も引き継いでおり、
何ら日本の伝統文化とは関係ありませんが、これが今の日本の現状
になっています。つまり、国家的、政府的なレベルでは、多文化共
生は難しいということであり、民間ベースでやらないと、「日本崩
壊」の危険性さえあります。実際、例えば、韓国では外国人労働者
受け入れはすべて国家レベルで行っており、ベトナムでの現地の暴
力団組織の介入も不可能であり、韓国国内の企業も人権侵害は不可
能になっています。日本だと、「研修生制度」と称する一種「奴隷
制度」で、時給、200円、300円でこき使いながら、パスポートも
取り上げることが行われていますが、韓国では日本円にすると、時
給1000円が遵守されています。これが事実ですから、外国人労働
者がどちらに行くかは明らかでしょう。このまま入管システムが継
続すると、日本には外国人労働者は来なくなるでしょう。まずは、
給与の違い、それから人権に関連する処遇の違いによって、日本は
避けられるということになるでしょう。

　更に付け加えれば、2019年度からの新たな入管法では、外国人
労働者に原発の仕事をさせることが明らかにされています。これま
でに、業者から事実上騙されて、原発での仕事をさせられていたベ
トナム人研修生もいましたが、今回は外国人労働者を正式に原発の

労働者として働かせることになっています。恐らく、ベトナム人だと原発がなんだか分からず、とにかく実入りのいい仕事として、何も知らずに来日して仕事を始める人がある程度いることでしょう。こういった人の場合でも、線量制限があるので、ある一定程度の原発での仕事をしたら、数年で解雇されることになります。一応、名目上、線量はある一定以下で帰国でしょうが、実質的にどれくらい被爆しているかは別であり、これまでの原発労働者の状況を見る限り、線量オーバーで帰国するケースもかなりあるでしょう。そうなると、ベトナムで、癌、白血病、心臓病などで発病の可能性があります。その原因は簡単で、日本の原発で労働したからです。それが、国際機関にも訴えられたり、マスコミ報道されたりするでしょう。結果として、日本への出稼ぎ労働は、やり手がいなくなるでしょう。

　このブックレットでは、具体的な外国人受け入れの方策の考え方とその実践内容になっていますが、日本国政府のやり方は、このままでは破綻の可能性が濃厚であって、政府のレベルでは、入管システムのみで、これまでにはなかった具体的な多文化共生をどうするのか、その理念、その考え方、プランニングなどが必要になると考えられます。

　以下については、これまで日本ではほとんど出されていないでしょうが、具体的な提案になるだろうと思います。

宗教と資本主義

　最初は、「日本の資本主義と信仰」から始めます。

　マックス・ウェバーという学者がいまして、資本主義の発達には、実はプロテスタンティズムが大きく関わっており、この宗教のおかげで、プロテスタンティズムのおかげで、資本主義が発達したとされています。一生懸命に働くようになるためには、この宗教の力が必要だったということです。一般的には資本主義の発達というと、金儲けが発展するということで、そこに宗教など無関係だと思われるかもしれませんが、逆に大いに関係しているということになります。この点は、一般の人々が考えることとは別の発想が社会科学にあることになるでしょう。でも、日本にはプロテスタンティズムはありません。では、どうして資本主義が発達したのでしょうか？一万円札になる予定の、渋沢栄一は、「論語と算盤」という本を書いており、商売には論語の考え方、倫理が前提だと書いていますが、実は、儒教ではなく、日本の場合、神道、いわゆるアニミズムが重要な役割を果たしています。これが、単に資本主義の発達だけでなく、外国人との共生的関係に結びついています。私は、このように論を展開したいのですが、実は、これまでの先行研究は、いわゆるアニミズムなどはほとんど誰も取り扱っておらず、考察対象は、儒教と仏教が一般的でした。これまでの議論では、日本の儒教は、韓国が孝を中心とすると、日本は忠であり、親子関係よりも、自分に

命令をする上に位置する人間に対する忠誠心になっているということになっています。確かに韓国と比較すると、日本では孝よりも忠が重視されているように考えられます。つまり、日本においては、儒教そのものではなく、あくまで儒教的な影響がどの程度あったのか、ということに関心が向けられています。では、その儒教をどのような基盤で受け入れたのか、それが重要になるはずですが、もともとアニミズムは原始宗教とみなされており、儒教や仏教のような教義が明文化されている、宗教だとはみなされていませんでした。つまり、アニミズムは、その宗教の水準が低く、教義、経典がさだかではない、宗教とは呼べない、一種の宗教性とみられてきたということです。プロテスタンティズムとある程度のレベルで、同じように考察できるのは、ヨーロッパでもそうであったように、日本の場合でも、儒教と仏教に限定されてきたということです。中国の場合は、これにアニミズムベースの道教も付け加わりますが、日本はそれもありません。（これまで、国内外の社会科学者が日本における資本主義の発達と宗教との関係を論じてきた。最近では、寺西重郎 2018『日本型資本主義：その精神の源』が出版されている。この著作では、これまでの議論を踏まえた上で、その宗教性を日本の仏教だと考えている。日本の仏教は確かに、神仏習合であって、もともとの仏教そのものではないが、この著作では、アニミズムそのものへの言及は控えられており、「日本の仏教」から考えようとしている。）更に、つけ加えれば、佐藤弘夫 2021『日本人と神』では、日本のいわゆるアニミズムの伝統の特徴が描かれており、これは後述する無縁仏信仰と密接につながっている。

これまでの日本の民衆宗教の研究では、二宮尊徳が農民の自主性と主体性を武士の価値観を取り入れることで明文化したと考えられています。当然のことながら、これには儒教的な側面も入っています。こういった側面が強調されており、その基になっている、農民たちの考え方はどうなっているのか、という点は重視されているとは言えないでしょう。その基になっている考え方がいわゆるアニミズムだと考えられます。（安丸良夫等を引用、参照するまでもなく、民衆宗教の研究蓄積は蓄えられているが、ここで論じているような発想は、実のところ、それほど探求されているとは考えられない。）

　例えば、論語の一説に以下のようなことが書かれています。「子貢問いて、曰く、一言をもって終身これを行うべきものあるかと、「師曰く、それ恕か」これを現代語に訳すると、孔子の弟子の子貢が孔子にたずねて、聞いたことは、一言で一生涯、その言葉を行うべきものがありますか、それに答えて孔子は、それは思いやりではないかと返答した。ここで重要なのは、儒教の用語では、恕といいますが、普通の日本語では「思いやり」と表現されることです。つまり、儒教の教えが入る前から使われている大和言葉が今日まで使われているわけです。多くの日本の人々は、論語でも思いやりが大切だと書いてあり、とてもいいことだと思うでしょう。しかしながら、恕が重視されるのは、それなりの儒教の教義上の理由があり、それは日本の一般の人々が考える「思いやり」とは別の意味になるでしょう。これでわかるように、儒教そのものではなく、儒教を受容しているその基盤が重要になるのであります。

思いやりとは、思いをやるという意味でありまして、自分の素直な気持ちを相手に表現して、相手を受け入れるという意味になります。これは、万物がすべて平等であり、大きな生命体のなかにある、一つ一つの生命が各々精霊を宿しており、その精霊、スピリットには上下関係などなく、全ては平等であるというアニミズムの考え方に根ざしているといえます。このような、すべての生命を平等にとらえる考え方と、人間が世界の主であると考える儒教とは根本のところで考えが一致しません。長い歴史の中で、儒教のいう仁、義、礼、智、信は日本でも常識的な見方、考え方になっていますが、詳しく見てみると、儒教の教義通りではなく、アニミズム的なレベルで受け入れられているという見方ができるでしょう。日本においては、すべてを人間世界のことだけで処理してしまうという傾向はあまり見られず、自然、動物、植物などの人間以外の存在との関係が入ることがままあります。

　話題を儒教から仏教に変更しても、日本ではもともとの仏教そのものではなく、神仏習合が古代から現在までずっと続いており、いわゆるアニミズム的な見方がない限り、日本の仏教は理解できないようになっています。例えば、菩薩とは仏教の教義を収め、悟りを開いた人物を指しますが、日本では菩薩は一種のカミであり、信仰の対象にもなっています。日本の仏教の中で、アニミズム、シャーマニズムの要素が比較的に限定されているのが浄土真宗であり、浄土真宗の一種プロテスタント的側面が近江商人の経済発展に貢献しているという見解が出されています。しかしながら、浄土真宗にア

ニミズム的な側面がまったくないとは言い切れず、浄土真宗の門徒でも、様々な八百万のカミガミへの信仰を持っている人も普通にいます。このように、現代日本の人々を理解するためには、アニミズム的な見方が非常に重要であることが分かります。

　次に、一般的には神道、つまり一種の日本のいわゆるアニミズムについて考えていきます。もともとの神社というのは、建物などなく、祭りの行われるときに、簡単な掘っ立て小屋を建てていただけでした。今のような神社の建物は仏教が入ってきて、寺院の影響で造られたのです。神社にはご神体がありますが、その多くは、森やあるいは大きな木や岩などです。このご神体自体には実は何の意味もなく、自然のあり方を表しているだけです。人々は自然に畏敬の念を持ち、自然の摂理に身を任せ、その自然の摂理のなかで働いている八百万のカミガミを崇拝します。お天道様に申し訳ない、というように、ルールに反したことはやれません。実際、みんなに迷惑です。いわゆるアニミズム的な考え方には、このようにプロテスタンティズムで信仰されているような人との関係、社会のあり方と同じような側面があります。実際は、イギリスのハリー・ポッターなどをみればわかるように、事実上のプロテスタンティズム自体に、アニミズム的要素がある、というキリスト教信者ならば、想像できないような、側面があります。

　次に、一般に使われている日本語から考えていこうと思います。例えば、儲かるという言葉は、信じる者同士で取引をして、結果的に儲かるという意味になっており、江戸時代までは、ずっと、共生

的な信頼関係のある者同士で、お互いに儲かる関係で、金を儲けていました。有名な、近江商人もこの考え方です。自分だけが儲かればいいという考え方は、いわゆるアニミズム的な考え方に反しており、こういった考え方はもともとありませんでした。つまり、社会を構成している人間はお互いに利益になることを目指して、単に自分だけの利益は目指さないというのが、この儲けるという言葉の意味になります。こう考えると、今現在世界中で行われている資本主義は、このような、儲かるという発想ではなく、事実上、自分の利益中心のいわば「強欲資本主義」になっているといえます。我が身可愛さだけのこのような資本主義だと、人類の未来は果たして開けるでしょうか。プロテスタンティズムの倫理は、聖書のなかで説かれている内容です。聖書の中では、「お互いに愛し合いなさい」と説かれており、そのようにお互いに愛し合うのが人間のさだめであり、人間の基本理念であるとされています。よって、イエス・キリストは、人間がお互いに愛しあうならば、イエス自身は主ではなく、人間の友になるとまで、言っています。つまり、キリスト教においても、自分の私利私欲ではない、お互いに愛し合うことが人間として当然の原理であるといっているわけです。ならば、今日の「強欲資本主義」を、キリスト者は批判すべきことになります。日本の伝統的ないわゆるアニミズム的な考え方では、エゴイズム、利己主義はありえてならず、互いに利益を享受できる儲かる関係が人間として当たり前ですから、今日の資本主義はあってはならない考え方になるでしょう。つまり、本来的に健全な「資本主義」の発展のため

には、いわゆるアニミズム的な考え方が貢献できることになります。

　これに続けて、日本語で、人間という言葉があります。これは意味的に考えると、人の間ということになり、人そのものではありません。人間とは、人の間であり、こんにち流に言うと、個人でもなければ、集団でもなく、人と人との間の関係であり、人の関わり方を意味しています。いわば、人々の間のコミュニュケーションというのが現代的な意味になるでしょう。単にヒトではなく、人間と言っている意味はこうなります。

　これまで言われてきた日本人あるいは日本における資本主義の発達では、日本人の集団主義が貢献しているとされています。実をいえば、集団でやることそのものではなく、人々が協力して何かを成し遂げていく、人間関係のあり方、作り方が重要なのであって、これは単に集団主義という言葉では、不十分になります。人と人との関係では、何らかの目的のために力を合わせて、10人寄ったら20人力になり、単に10人の力ではなくなるような、協力をして、お互いに満足できるような成果を出します。いわば、単なる個人主義ではなく、自分の為は相手の為でもあり、そしてみんなの為に努力します。人と人との間が強く結ばれることで、協力体制が作られます。人類の発展にはこの協力が不可欠ですが、自分だけのために仕事はしないのがいわゆるアニミズム的な考え方になります。

　また、後述する、アニミズムに基づく、無縁仏の信仰は、「エビス信仰」とも関わっており、漁村では、単に無縁仏の信仰ではない面もあります。エビス信仰になると、どこの誰か分からない死んだ

人が、漁師を助け、大漁をもたらしてくれることを意味します。死んだ人がエビスになり、エビスの力で生きている人々を助けることになります。エビスではなく、無縁仏の話に戻りますと、日本においては、事実上、無縁の人々は誰もおらず、すべての人々が有縁であって、見ず知らずの人も無縁ではありません。死んだ人が自分の先祖であれば、先祖が自分を見守り、先祖から何らかの示唆を受けることもできるわけです。ここには、死者と生者とのコミュニケーションが語られておりそのコミュニケーションには無縁の人々も関わっています。どこの誰だかわからない人が、生きている人々と関わり、死者から恩恵をこうむることになります。死者との対話、コミュニケーションという考え方は聖書のなかの生きている人間間の愛する関係とはまた別次元の考え方になるでしょう。無縁仏についての信仰は、このように生きている人々と死んだ人々との対話、コミュニケーションになっています。それがいわゆるアニミズム的な考え方にはあることになります。

縄文・弥生時代以来の共生関係の歴史

　日本の歴史のなかで、縄文と弥生時代はかなり特殊です。通常、前述のように、征服王朝が支配をするのですが、縄文人と弥生人は争った形跡がなく、争いは弥生人同士の縄張り争いしかありませんでした。現在でも、山口の祝島と大分の国東半島にある伊美（伊美別宮社）との間では4年に一度、共同開催の祭りをしています。伊

(01)

(02)

(03)

(04)

01　祈願神楽（島の人たちが家内安全などを
祈願するために舞う神楽。33種類の神楽以
外に期間中何度も舞う）

02　祈願神楽（鬼の棒で頭をたたかれると健
康になれるとか頭が良くなるとかご利益があ
る）

03　岩戸神楽（演目は「戸取明神」、天岩戸
を開く、33種類の神楽の中の一番盛り上が
る演目）

04　入船神事（三隻の御座船を、櫂伝馬船が
先導する）

(05)

(06)

(07)

05 櫂伝馬船（櫂伝馬船の上では島の若者が
舞う。船の舳先で舞うのが采幣（女形）、艫
の酒樽の上で舞うのが剣櫂（男形）。写真は
剣櫂）

06 御座船（祝島から三隻の御座船で、伊美
別宮社から神様と神職・里楽師を祝島へ乗せ
て来る）

07 祝島全景（定期船から祝島を撮影）

撮影者、04、05 國弘優子。その他写真、國
弘秀人。

美の対岸の姫島では黒曜石も産出されており、国東半島は朝鮮半島の新羅からの渡来人の里でもあります。よって、宇佐八幡もこの系統になります。同じく、出雲も新羅系です。祝島は私も二度調査に行きましたが、つい最近まで丘の上に人々は生活していました。先程論じたように、縄文人は丘の上で生活していました。これが祝島では最近まで継承されていたのです。

そして、伊美からは麦栽培が伝わったと伝承されています。中国及び朝鮮半島の人々、弥生人によって水田耕作がもたらされましたが、農業一般の影響があったとみられます。伊美の海難者を助けたために関わりが出来たことになっています。一応、千年以上前のことになっていますが、恐らく、姫島の黒曜石の分布から考えると縄文末期以来のことでしょう。縄文末期以来、ずっと、伊美と祝島は共生の関係を維持しています。この良好な関係が祭りの共同開催になっていると考えられます。日本における多文化共生の原型はここにあります。事実上、祝島と姫島から伊美を結ぶ線は、瀬戸内での重要な航路にもなっており、古代からずっと人々がこの航路をたどっていたことが考えられます。

それから、ずっと、この関係は維持されており、この関係が単に日本内部の縄文人と弥生人だけでなく、よそからの人々との関係にも見られるのです。こういった平和的な関係が国際関係の影響で壊されたことがあります。縄文時代から、ずっと歴史的には後の事になりますが、元寇で中国南部から福岡の志賀島の攻撃でやってきた人々も現地では知り合いがいたので、つまり、中国、宋の人々にな

りますが、争いをしなかったといいます。中国の宋から交易のため
にやってきた人々が志賀島の人々と関わっていたのです。いわば、
よく知っている友人であって、その友人を殺すことは難しかったで
しょう。よって、志賀島は略奪から逃れました。モンゴルが負けた
あとの捕虜になった中国江南の中国人は、「同胞だから釈放」にな
っています。当時、博多には宋からの商人もいたので、中国からの
有力者からの関与もあったと考えられます。しかし、それ以上に現
地の人々からの懇願と、実際に宋の人々の対応が、同胞だと決める
要因になったといえるでしょう。更に、現地では今でも朝鮮まで、
祖父、祖父の父親まで行っていたという伝承がありますから、朝鮮、
つまり高麗からの人々も現地の人から助けられたでしょう。現地で
の伝承では、高麗は自称でその前の高句麗とも言っており、これは
朝鮮語でコグリョといいますが、最初の二字がコグになります。こ
の名前からコガという姓になり、九州北部に一般にある古賀姓が始
まったとされています。真偽のほどは別にして、実際にこのときに
朝鮮から来た高麗の人々がそのまま日本に定着したということは確
かでしょう。こうなったのは、それまで朝鮮からの人々が往来して
いたからだといえるでしょう。

　次にあった一大事件が豊臣秀吉による朝鮮出兵です。元寇にして
も豊臣秀吉の朝鮮出兵にしても、日本と朝鮮の人々にとっては大変
な迷惑だったでしょう。それまで、お互いに仲良く関わっていたの
に、それが突然できなくなったのです。世界最高の鉄砲生産量だっ
た日本は、朝鮮及び明と戦っても、戦い自体はかなり有利だったと

考えられますが、そのあとの補給については何も考えられていなかったため、戦いに勝っても退却することになりました。日本国内の戦いしかしていなかったので、外国で戦うときの条件整備が不十分だったわけです。加藤清正の通訳になり、その後加藤清正とともに、熊本に入った人物に、金官という人物がいます。これについては現在、熊本城の隣にある加藤清正神社に行くと、そこの二番目の神にこの金官がいます。朝鮮からの朝鮮人が日本で神になったということです。また、当時朝鮮に日本語の出来る人々がいたということでもあります。お互いに、行ったり来たりがなければ、このような人物がいるはずがありません。反対に、加藤の部下であった朝鮮語ではサヤカという人物が、朝鮮に帰順して、金の姓をもらい、「日本金氏」の祖先になっています。当時の武家には、渡来系だと自称する者もいた（百済から来たという大内氏など）ので、その関係で、朝鮮人に戻った可能性もあります。サヤカは、日本による朝鮮攻撃には何ら理由付けのない、義のない戦いなので、出兵当初、日本軍を去り、朝鮮軍に帰順しました。事実上、加藤清正を裏切った人物ですが、それ以上にサムライとして、義を重んじ、まだ、戦局がどうなるかわからなかった、日本軍攻撃当初に朝鮮軍に加わりました。ある意味、本当のサムライだといえるでしょう。こちらは日本にいた人間が朝鮮で「神」になった実例になります。明治以後の政策である朝鮮人を日本人にしてしまうことなど、この時代には考えられないことでしょう。日本でも朝鮮でも言葉ができなければ生活が成り立ちませんが、お互いに、そのままで生きていくことが普通だった

ということです。

　日本と朝鮮の実際の関わりは、その後の江戸時代まで続き、九州北部、下関、鞆の浦にいたるまで、同年齢の人々のことを現地では今でもチングーといいます。これは韓国語で友だちの意味です。恐らく、朝鮮人がここまで来ていたのでしょう。兵庫県の室津では、同じような人々を朋友と呼びます。これは、中国語で友だちの意味です。西国大名の参勤交代の通り道でしたから、恐らく、長崎の中国人を伴ってきていたのでしょう。通常、瀬戸内海では朋輩という言い方が一般的です。壱岐では、ドシ（普通の日本語では同士）、ホーベー（朋輩からの言い方）、それにチングーという言い方が同年齢集団の呼び方になっています。平戸も事情は同じですが、朝鮮人は鯨組の労働者で江戸時代も来ていたようです。この関係で、平戸の生月で伝わっている民謡は二拍子ではなく三拍子になっています。日本の民謡はほとんどみんな二拍子ですが、朝鮮の方では三拍子が一般的です。つまり、朝鮮人が来ていた生月では、朝鮮のリズムで生月の人は民謡をうたっているのです。

　日本においては古代からずっと長い間、もともとは他所からの人々と共生の関係をつくっていたのが本当ですが、明治以後、欧米列強の脅威への対抗のために、この一大原則が崩され、台湾、朝鮮、満洲、南洋諸島を植民地化しました。五島、壱岐、それから姫路沖の坊勢（ぼうぜ）島でもそうですが、自分の先祖のみならず、ご近所の先祖、それから必ず、無縁仏の供養を、毎日、毎朝、女性たちがしているのがみられます。坊勢島では、無縁仏の墓が浜の方にあ

公の墓場の中の囚人墓地

大牟田の現地の人々の先祖代々の墓のあるところ（一浦町）に囚人墓地もある。これは、明らかにもとからある無縁仏供養と同じように、囚人の供養をしているとみなすことができる。キリスト教徒の主の祈りのなかにある、「我らに罪を犯すものを我らが許すように、我らの罪をもゆるし給え」を彷彿させる、囚人の弔い方になっている。

今でも一般の人から供養されている死んだ囚人たち

誰からともなく、花がたむけられている。この墓がつくられて100年以上が経っており、今では囚人のことなど誰も知らない時代になっているはずであるが、今でも、供養は続いている。死んだ人々とのコミュニケーションは今でも続いている。

100年以上前から供養されている囚人墓地

大牟田では、炭鉱労働を当初、囚人にさせていた。かなり過酷な労働だったようで、死んだ人が多数いたとみられる。死んだ囚人を自分たちの先祖が眠る場所に埋葬し、死んだ囚人を自分たちの仲間として弔っている。

るので、無縁仏の係の人が世話をしていますが、壱岐、五島、平戸では無縁仏の墓が村の墓地にあるので、毎朝、年配の女性たちを中心にして、この墓に参っています。また、壱岐では、海難者の大半が朝鮮人だということを分かった上で、200年、300年、ずっと供養をしている場所があります。こうした無縁仏の供養は日本のみならず、後述するように、東シナ海域では当たり前のことです。いわば This is Japan ともいえるでしょう。供養は、もちろんいずれわが身になるという危機感が前提になっているでしょうが、それだけでなく、どこの誰か知らない人が、自らの兄弟姉妹であるという考え方に基づいているといえるでしょう。これではないでしょうか、多文化共生の考え方の原型は。現在の日本で毎日、毎朝、墓参りしている場所はそれほどの数はないでしょうが、無縁仏の供養ならば、日本国中のいたるところで、現在でも行われています。もちろん、やっている人、やっている人の関係者が、どこまで考えてやっているのかは分かりません。しかしながら、日本の伝統が今でも生きており、そして現地の人々はこれによって、活かされているといえるでしょう。既に、日本では多文化共生のための伝統文化が生きているのです。

　どこの誰だか分からない死んだ人の霊を弔うというのは、別言すれば、死んだ人と関わるという意味になり、これだと生きている人間とは誰でも同業者ならば、兄弟姉妹になって当たり前であり、同業者同士の連帯が生まれます。死んだ人を丁重に扱わないと、言わば、バチが当たるということになりますが、単にそれだけの意味で

はなく、死んだ人によって生きている人間が活かされ、死んだ人の力によって、生きている人間が生かされるという意味にもなります。死者との対話、コミュニケーションがここで展開しています。この点では、聖書で描かれている、生きている人間同士が愛し合わなければならない、ということ以上の意味がここにあることになるでしょう。生きている人間同士が愛し合うのは当たり前であり、死んだ人ともより良い関係を結ばなければなりません。死者との対話がここにおける含意となります。つまり、もともとの日本の伝統文化では、死者と一緒に生き、死者を生きている人間同様に扱ってきたということであります。日本では仏教伝来以前は、聖所である神社にも墓場があったのでありますが、それ以後は、墓場は別所になり、死んだ人は、ケガレ的存在になったとされています。あの世に旅立った死者は、別の世界の人間になったというわけであります。ところが、現実には、長い歴史のある漁業という生業を営む人々は、仏教伝来以前からの文化をそのまま継承しています。死者とともに生きるという文化を継承しています。この死者とともに生きるという文化伝統は、実のところ、漁民のみならず、その他の人々の基本的発想法にも生き残っています。死んだ人間とともに生きるという基本的考え方は、今でも日本では、普通の発想法になっています。但し、現代では、往々にして、死んだ人間が自分と近い関係にあった家族や友人などに限定されているという違いがあるでしょう。もともとは、そうではなく、一見すると自分とは無縁の人々とも一緒に生きる、共生するという基本的考え方になっていたのです。この実

例の一つが、長崎の精霊流しになります。もともとこの風習は中国から来ており、中国における無縁仏供養だったのが、同じ考え方をしている長崎の人々に受け入れられ中国式の精霊流しになっています。よって、通常日本では使われない、爆竹なども使われています。もともとは無縁仏供養でしたが、今では、家族、親戚が含まれています。後に変容したと考えられます。このように、確かに日本での方が、文化伝統が濃厚に残っていますが、実のところ、東シナ海域全体の共通文化として、この無縁仏供養は考えなければならないでしょう。

　自分と無縁の人間と共生する、死者とともに生きる、これらは現代文明の基本的な問いにつながる、人類の基本的課題になっています。日本の伝統文化にはこのように、大きな言い方をすれば、人間であることの基本原理、世界の文明のあり方が含まれているといえるでしょう。

　次の話題は、日本の植民地時代の日本人の生活になります。日本の植民地時代の朝鮮満洲には、日本人も出向いており、朝鮮人と一緒に生活していた日本人もいました。いろんな日本人がいて、日本政府のいいなりになっている日本人もいましたが、朝鮮人を抑圧し差別することが、「人の道」に反するとして、人間をやめなければならないので、朝鮮人差別をしない人もいました。満洲、朝鮮にいた日本人で朝鮮人と平等な関係を作っていた人々が、日本敗戦後、朝鮮人から助けられ、恩返しをしてもらったことも歴史的事実です。ソ連が満洲に侵攻し、日本人に虐殺、拷問、強姦が行われましたが、

それを避けて朝鮮人の村に逃げ込んだ人々が、そこで2,3年過ごして日本に帰国した例も相当数あります。これらの日本人は別段偉かったのでも良心的でもなく、それまでの日本人と同じだっただけのことです。

　究極的に言えば、多文化共生とは日本人マジョリティが今後どのように生きていくかということなのであって、入管システムを放ったらかしにして、外国人を差別、抑圧するのか、入管システムについては人権重視への変更を表明した上で、民間ベースで多文化共生の実践を顕在化するのか、どちらかになるでしょう。ここまで読んだ人ならすべての人が分かるでしょうが、もともとの日本人は多文化共生が当たり前であり、その生き方をすることでより良い社会づくりを果たし、個人も、個人間の関係も良好にしてきました。つまり、多文化共生とは自分とは無関係な人間への対応ではなく、自分自身の生き方であり、また、自分にとってよりよい環境条件を形成する人間の知恵になるでしょう。

　そして、最後に付け加えますと、多文化共生とは、単に外国人と日本人だけの共生的関係をつくるだけでなく、様々なバックグラウンドをもった人々との共生を意味します。それらのなかには、マイノリティとして、性的な少数者なども含まれます。「自分と同じ人」と「みんな同じように」ではなくて、自分と違った人々と、「それぞれ違って」、その違いを認め合うことが多文化共生のあり方になるでしょう。それを認めるための基本的考え方の枠組みには普遍性があり、それが日本の伝統文化にあることになります。

唐津沖離島の無縁仏供養

　ここまで書いた無縁仏供養について、データ的にも重要な唐津沖の離島の調査に基づくフィールドデータを記述し、そこにおける無縁仏供養の重要性を再確認します。簡単にいえば、無縁仏供養は単にそこにいる人々の関係だけでなく、他所の人々との関係あるいはその関係作りにも関係しており、無縁仏による、関わりづくりという観点が重要になると考えられます。また、唐津沖の離島については、私の研究関心である、東シナ海域研究の一環で行っており、そこには、無縁仏以外でも、お堂、同年齢集団などがあるので、これについての記述も行っています。これらを総合的に考えると、無縁仏、無縁仏供養の意味についてもより良く理解できます。

　それから、以上を書くためには、この前提として無縁仏、無縁仏供養についての研究が、民俗学その他においてはあまりされてこなかったことが指摘できます。この問題は、逆に無縁仏について考えることの意義について知ることになるので、まず、この点について考えた上で、唐津沖の離島における、無縁仏供養を介した儀礼的交換について検討することにします。

　まず、日本民俗学において、共同体の研究をするといえば、それは何をおいても、まず祖先崇拝についてとなります。これは柳田国男以後の日本民俗学においては一応「常識的」な対応になっています。基本的考え方として、共同体の成員がイエごとに分かれており、

その成員が特定の先祖を共有して祖先崇拝をしています。それが合わさって、共同体になっており、共同体内部の人間にとって、この祖先崇拝は人々の共有する基本的文化であり、祖先と共に生きることがこれらの人々の人生観になっています。

　つまり、共同体内部の人間関係によって共同体は成り立っているので、その関係を理解するためには祖先崇拝が重要ということになります。しかしながら、祖先崇拝の対象は、イエの祖先であり、その観念が共有されているとはいえ、各々の祖先は同じではありません。観念を共有しているので同じ文化を共有とはなりますが、祖先は別々なので、そこにおいては祖先を共有という事態にはなりません。ムラ全体で同じ祖先を共有しているのではないのであり、そうなると村全体の「祖先」なる観念があるのか、ということになります。このように、イエの祖先という考え方には共同体そのものとは別の観点が入っており、共同体そのものの祖先といった考え方にはならない側面があります。実際、ムラの祭りのときは、祭りの神はムラの先祖といった言い方がされますが、本当にムラの祖先だと昔から言われてきたのかどうかというと、疑問になります。ムラビト全体の祖先なるものは、実際はもともとからあったとは言えないでしょう。しかしながら、近代以後の日本のムラにおいては氏神という考え方が日本民俗学で一般的になり、この氏神がムラの先祖ということになっています。ところが、ここにも問題があり、氏神とは氏の神であって、特定の氏以外の人間は関係がないはずであります。氏＝ムラあるいはムラビトにはなりません。

氏神がムラの神になったなどと言う言い方が日本全国的に言われていますが、これ自体が実は変な話になっているはずですが、現在の人々はこの異常さについてはほとんど意識していないようです。いわば、言われていることをそのまま言い返しているだけになっています。あり得ることは、ムラの有力者の氏神なので、それがムラの祖先になっているというお話でしょうが、その有力者自体がいつの時代の有力者なのかで事情は変わってきます。ムラの歴史にも関わりますが、ムラができた時の有力者ならば、別の系統の可能性の方が高いからです。

　このように考えると、共同体の理解のために果たして祖先崇拝だけで十分なのかということになるでしょう。ムラの人ではなく、他所からの人であり、しかも、誰も何の関係もないそれが無縁だとすると、無縁は内部の人間ではないので、共同体とは関係のない人になり、研究する意味はない、ということになります。果たして、そうなのでしょうか。無縁仏信仰のもとは、タタリ神信仰と来訪神信仰の二つが一緒になって、無縁仏信仰になったと考えられます。後者は明らかに、他所から来た神であり、地元とは無縁となります。では、この神に何の意味がないかと言えば、そうではなく、この神が福をもたらすと考えられています。つまり、共同体内部の神だけではなく、外部の神が重要視される側面があるということです。

　これを、ムラビトの生活レベルでまずは考えてみましょう。特定の共同体維持には、行商人も含めて外部の人間が関わっており、外部の人間の関係がない共同体自体はこれまで存在していません。外

部の人間の中には婚姻相手も含まれており、すべてではないにしても、婚姻相手の一部は外部の人間になっていました。修験なども外部の人間になりますが、修験はムラビトにとっては必須の存在であり、宗教はもちろん、さまざまなことで修験は共同体に深く関わっていました。修験は医療も、福祉も、さまざまな領域で実質的にムラの生活に関与しており、事実上、僧侶や神官よりも、ムラビトにとっては有用な人物であり、修験なしのムラの生活は成り立ちませんでした。行商人がいなければ、モノが入ってこないのであり、行商人が持ってくるモノ以外でも、さまざまな情報をムラビトは入手できました。行商人もムラに必要な人間でありました。もし、行商人がムラで亡くなった場合、確実に無縁仏になったでしょう。この仏を拝まず、参りもせず、供養もしなければ、「バチが当たる」となったに違いありません。タタリを恐れるムラビトは、行商人を弔い、供養して、タタリを防いだでしょう。

　実質レベルの、ヨソモノ、無縁の人は、実際には重要な存在だったことが分かります。とすれば、無縁仏供養は共同体とその維持のうえで重要な役割を果たしていたといえます。民俗学などがこれを重視しなかったのは、日本国中が共同体内部のみが重要だと考える見方が影響していると考えられます。

　明治日本からの近代になると、日本人は日本国民であり、日本の歴史とは近代国民国家日本の歴史であり、その歴史は日本だけの歴史という近代主義によって支えられています。ところが、こういった一国主義では本当のことは分からないという動きが出ています。

歴史学においては、一国史という考え方を批判的にとらえ、他国との関係なり、東アジア海域における人々の交流、関係が重要であるという見解が出されています。

　歴史的にこれを考えると、古代においては、日本つまり大和朝廷は、百済と連合して、唐新羅と戦いました。結果は唐新羅の圧勝となり、日本は敗れました。日本は百済との関係を深めましたが、百済が当時の中国の諸王朝との関係があり、その関係の一部に日本も参加するためであったのですが、その望みは、強大な武力を持っていた唐とそれと結ぶ新羅に敗れたのです。その結果、日本国内では水城などが建てられ、唐からの攻撃に備えることになりましたが、唐は日本を攻めることはなく、というよりも、それをするだけの価値がないと判断したのでしょうが、日本攻めにはなりませんでした。このような国際関係については日本の教科書でもある程度のことは書いてあります。しかしながら、事実、朝鮮半島には倭族がいたのであり、倭族を通して、唐・新羅側は日本について調べていました。日本列島にだけ日本列島からの人々がいたのではありません。こんなことは通常教科書には出てきません。日本列島にいる人だけが日本国民＝日本人になっています。

　そもそも論としては、今日の日本人がどのように形成されたのかという観点からいえば、普通の人は縄文人と弥生人が混血して今の日本人の祖先となったという理解の仕方をしているでしょうが、実のところ、縄文人もいろいろ、弥生人もいろいろであり、両者とも元から日本列島にいたのではなく他所から来た人々です。その後も、

大和朝廷と一部敵対していた、隼人、蝦夷などもいて、多種多様な人々がいたのであり、そういった観点は通常の教科書にはありません。出雲は単に大和に征服されたといった見方などが支配的でしょうが、それがなぜ、出雲大社にまでなっているのかについては、単に征服されたという見方では理解できないでしょう。古代日本は多元社会だったというのが事実だと考えられます。これとは別に、渡来系の人々もかなり下の代になっても、渡来系であることを意識化している面があり、法然の両親は、どちらも渡来系であって、秦氏の系統であります。それが中世までずっと渡来系であることを意識化していたのでありますから、渡来系の人々もそのルーツを意識化して生きていたと考えられます。もともとの多元社会に別の人々が来て、さらに多元化していったというのが事実だと考えられます。

　当時の状況について考えると、朝鮮半島にいる倭族について調べてから来日というのは、大和朝廷成立以前の縄文時代の終わりぐらいを中心にして（こういった書き方をなぜしているのかといえば、現在の大分県の姫島には縄文時代から黒曜石が出ており、これは日本国内以外でも朝鮮にも流通しており、既にこの開発を新羅からの人々は縄文時代からやっていたと見られるのであり、朝鮮半島との関係は弥生以前縄文からあったと見られるからです）、行われており、それをもとにして、中国江南からの人々は朝鮮半島に楽浪郡、帯方郡のような植民地行政をつくるよりは、原住民である縄文人と共生して、交易、貿易の利益を目ざしたと考えられます。事実、東南アジアの華人の東南アジアにおける活動と、日本列島内の渡来人の活動には共通点があるといえます。

中国人（この言い方も問題であり、中国人などどこにもいなかったのであり、事実は、中国江南からの人々でありますが、便宜上このように表記しておきます）も朝鮮人（これも問題であり、朝鮮半島には中国大陸からの人々や今流に言えば少数民族がいたのでありますので、朝鮮人という総称は本来的に使えませんが、これも便宜上このように表記しています）も、縄文人との共生的関係をつくっていきました。

　古代のこのような状況から中世になると、戦闘方法として、馬が使われるようになり、そしてこれは高句麗から学んだと考えられますが、関東武士を中心にしてこれが一般化していきました。唐新羅の連合軍に敗れた原因の一つが、ここにあると見られるので、その後、馬を使う戦術が一般化していったと考えられます。このやり方ももともと日本には馬はいなかったので、外来になります。古代に渡来した漢字も米もどちらも中国から渡来しており、外来文化をカウントするとあれもこれも外来文化になりますが、今では漢字は日本の漢字だと思っている人が増えているといいます。外来文化を自分の文化にして、そして、そしてその外来文化を自分の文化に合わせています、これが日本のやり方になっています。馬も同様であり、日本では蹄鉄はつくられず馬に草履をはかせていました。また、戦闘用ではなく、馬と牛はおなじように農業の使役で使われるようになりました、西日本の牛、東日本の馬は使役用の動物になっています。これも外来文化の日本化といえるでしょう。

　外来文化の日本化になっていないモノとなると、そのモノがかなり限られてきますが、日本刀はメイドインジャパン以外ありません。

このようなモノはかなり限定されており、日本の武術は日本刀の使い方で発展したので、もとは中国からその武術の基本が入ったとしても、すべて日本刀の使い方に変化したと考えられます。しかしながら、日本刀も中国の剣をつくる技術をもった朝鮮の渡来人職人が、縄文の蝦夷がつかっていた武器を参考につくったと考えられています。いわば、縄文と弥生の文化の合体がこの日本刀になると考えられます。この作り方は中国、朝鮮においてはコピーできずに、これらの国々が日本から輸入しただけなので、日本オリジナルということになります。つまり、武術も日本刀を使ったやり方になるので、日本オリジナルの武術が日本にはあることになります。

　中世を経て、織田信長の家臣であった豊臣秀吉の時代になると、日本統一ということになり、その余勢を駆りて、秀吉は、明征服の目的で朝鮮出兵をしました。これについては、近年、秀吉はヨーロッパ人の帝国主義を敏感に察知したうえで、ヨーロッパ人から日本を守るとともに、領土拡張を図ったと考えられています（北島万次2021『秀吉の朝鮮出兵と民衆』岩波新書など）。実のところ、織田信長も明征服の野望があったとされているので、秀吉は信長からの継承になるでしょう。これによって、植民地主義の手先であったキリスト教が禁止されることになり、徳川幕府もこれにならった。現代の日本人はことの内容をあまり分かっていませんが、相当な数の日本人が奴隷として売買されており、キリスト教を隠れ蓑とした植民地主義は、日本人を奴隷化した面があります。これは、外来との関係を考えるうえで、マイナスの面になりますが、こういった事実を認識

すべきでしょう。豊臣秀吉の朝鮮出兵によって、大量の朝鮮人も奴隷として売買されています。この点も見逃してはいけないでしょう。日本の侵略とヨーロッパ人による奴隷化がいっしょに行われたのです。

　ここまで分かれば、日本の歴史も他所との関係なしでは成り立たないことが分かるでしょう。民俗学者もこのように考えれば、他所から来た無縁、あるいは無縁仏が重要だと気付いたに違いありません。無縁の場合はちゃんと弔い供養すれば、福をもたらすので、植民地侵略などとは無関係であり、もともとの他との関係は日本においてよい面だけを表に出しているといえます。最後は鎖国と称せられる江戸時代になりますが、鎖国とは名ばかりで、長崎においてはオランダと中国それに東南アジア諸国と交易をしていました。朝鮮からは朝鮮通信使も来ていたし、当時は外国であった琉球国からも使節が来ていました。実際は鎖国ではなく、それなりの外国との関係は維持していました。オランダ語の翻訳である、『解体新書』（原語では、ターヘルアナトミア）も出版されています。朝鮮語は、儒教学者の雨森芳洲が朝鮮語をマスターしています。当時、大したオランダ語力もない人々が翻訳まで出版したのですから、これは実に驚くべきことであると考えられます。江戸時代においても、外来文化の取り入れを積極的に行っていたことが分かります。

　このように日本の歴史を振り返れば、必然的に諸外国との関係が分かり、外との関係が重要であることが分かるでしょう。この感覚が、日本民俗を研究するときも重要だと考えられます。最初から、

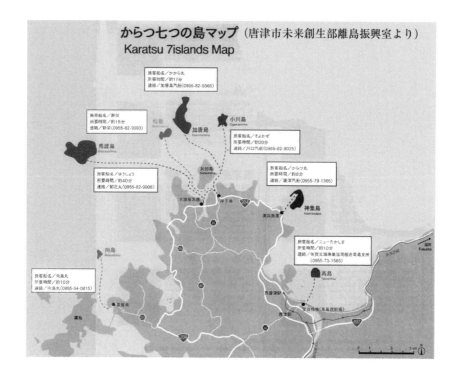

からつ七つの島マップ（唐津市未来創生部離島振興室より）
Karatsu 7islands Map

旅客船名／かから丸
所要時間／約17分
連絡／加唐島汽船(0955-82-9366)

旅客船名／新栄
所要時間／約15分
連絡／新栄(0955-82-9093)

松島
加唐島
Kakarashima

小川島
Ogawashima

旅客船名／そよかぜ
所要時間／約20分
連絡／川口汽船(0955-82-9025)

馬渡島
Madarashima

加部島
Kabeshima

呼子津

旅客船名／からつ丸
所要時間／約8分
連絡／湊津汽船(0955-79-1365)

旅客船名／ゆうしょう
所要時間／約40分
連絡／鄭正丸(0955-82-9008)

名護屋漁港

湊浜漁港

神集島
Kashiwajima

向島
Mukaeshima

旅客船名／ニューたかしま
所要時間／約10分
連絡／佐賀玄海漁業協同組合高島支所
(0955-73-1585)

旅客船名／向島丸
所要時間／約10分
連絡／向島丸(0955-54-0615)

馬鹿瀬

高島
Takashima

西唐漁港

宝当桟橋(高島渡船場)

唐津駅

福岡
Fukuoka

0 1 3 5 km

そこのいる人々だけで世界が成立するのではなく、他所からの人々との関係で世界が成立すると考えれば、研究のあるべき方向性が決まるといえます。

　話題を無縁仏及び無縁仏供養に戻しますと、無縁の人間の供養重視は、言葉を換えれば、自分とは無関係だと思われる人が本当は無関係ではなく、有縁だということであり、無縁とは言いますが、本当は無縁に見えても有縁であり、その無縁仏によって我々は守られており、そのおかげをわれわれはいただいている、ということになります。これだけの日本の伝統文化を日本の学者は理解できないのでしょうか。このような無縁の発想があれば、我々は他者と争う必

要もなくなります。常に、感謝の気持ちで生きていけます。これだけの世界平和を達成できる思想性が、無縁仏信仰にあると考えられます。すべての人々を無縁から有縁に変えることが可能になる思想性です。

　では次に、唐津沖の離島について論じることにします。この調査においては、加唐島、馬渡（まだら）島、松島、小川島、それから向（むく）島の調査の順序にそって、報告をします。ここに高島がないのは、高島は近年、下記にある「地蔵祭り」が廃止されたので、入れられていません。

　しかしながら、この報告に入る前に、学問的な大前提について話をしておかなければなりません。今回の調査においては、東シナ海域研究上、かなり重要な発見があり、そしてそれは、文化人類学の学問と密接な関係になっています。まず、マリノフスキーは、その著、『西太平洋の遠洋航海者』という記念碑的な著作で、クラという儀礼交換について論じており、これは経済人類学の基本的考え方にもなっています。これによれば、クラという相互交換はひとつのシステムを形成しており、クラの交換は金銭的目的ではなく、その交換をすることが目的であり、それによって、相互のコミュニケーションが成立しています。この儀礼的交換によって、他者との関わりが形成され、それが続くことによって、人間関係を継続することができます。さらに、レヴィー・ストロースは、その著、『親族の基本構造』によって、婚姻を女性の交換と考え、その交換システムは、円環構造になっており、他者との関わりが存続できるようにな

加唐島
Kakarashima

・カリオ灯台
椿園
・大浦漁港
・ろうき観音
武家王生誕地
武家王
生誕碑
定期船 ・八坂神社
発着所

0 200 600 1000m

っています。つまり、これによって、人間がつくる共同体とは、共同体内部の人間関係だけでなく、共同体外部との関係で、人々は共同体の成員となり、自らの共同体が、他の共同体との関係で、共同体としての意味を持つことが分かるようになっています。

　最初の、加唐島においては、現在に至るまで、春に行われてきた地蔵巡りの意義について現地の人から詳しい話を聞くことができました。この地蔵巡りは、もともとは唐津の七つの離島すべてで行われており、島間の共通文化になっています。但し、その中でも例外的なのは、次の島である馬渡島であり、この島では、地蔵巡りのときに外部から人が来ることなく、島内の人だけでこの祭りが行われています。他の島では、加唐島同様に、他の島、場所からの人々が多数、遍路として訪れ、昼間の遍路が終わったら、民家に宿泊して、いわば、年に一度の大賑わいをして、祭りを楽しんでいます。毎年、自分のところに泊めるなじみの人も多数いて、それを島全体で行っています。つまり、なじみの人との個人的関係が成立しており、その関係は自分の島だけでなく、先方の島なり場所との関係になっており、お土産をもらうだけでなく、先方にこちらから出向くこともごく普通に行われていることも意味しています。さらに、もともと関わりのあった人々を介して別の人々がやってくることもあり、人間のネ

ットワークは広がっていったと考えられます。つまり、ここでは、広がりを保ち続ける相互交渉になっており、お互いがお互いのために、関わるのが当たり前になっています。このベースになっているのが、地蔵信仰ですが、漁村に多数ある地蔵は、実のところ、その多くが無縁仏の供養に建てられており、地蔵とはつまり、無縁仏を意味していると考えられます。ここにおいて、人々をつなぐ信仰は、無縁仏信仰になっています。

　これが実態でありますが、これをもとにして考えられることは、今は近くの場所からの人々になっていますが、この無縁仏供養は、東シナ海域全域に広がる共通文化であり、この海域全域にあるのですから、ここの地蔵祭りもその広がりの一部と考えられまして、この広がりはかなり広範囲に及んだと考えられます。今では国境がありますが、以前は国境自体がはっきりしていなかったのでありますから、今の韓国、中国にこのネットワークが及んでいたことが考えられます。例えば、この加唐島は、日本書紀にも登場し、ここで新羅の王子が生まれたと書かれています。この王子は百済に帰って王になり、その王についての遺跡が見つかり、日本書紀に書いてあったことが事実であることが判明しました。日本列島本土から最も朝鮮に近い場所がここであり、古代からの朝鮮との関係を知れば、必然的に朝鮮との関係を考えることができます。また、朝鮮だけでなく、中国とも当然のことながらそのかかわりを考えることができるので、無縁仏による儀礼交換は広範囲に及んでいたといえるでしょう。

無縁仏信仰とは、自分とはまったく縁もゆかりもない人間を供養することでなりたっていまして、漁村ではそれをやることで自らのいるムラが繁栄すると考えられています。具体的に言えば、西日本における無縁仏は、その墓の形式では、墓の入り口にまつられていまして、墓参りの時は、入り口の無縁仏を参り、その後に、自らの祖先に参るのがムラでのしきたりになっています。それだけ、重視されている無縁を他所からの人も重視しており、それで、地蔵参りが成り立っています。実のところ、この無縁仏信仰は、仏教でいう施餓鬼と同じであるので、日本、朝鮮、中国をつなぐ共通の信仰になっています。さらに、中国のカントンでは鬼神信仰もこれと同じであり、また、朝鮮のシャーマンの儀礼でも無縁仏信仰が見られます。つまり、この無縁仏信仰とその供養は、東シナ海域の共通の信仰になっており、人々をつなぐ信仰になっていると考えられます。現在の加唐島では、他所から来る人々は、付近の島々等に限定されていますが、可能性としては、これは東シナ海域一帯に広がっていたとも考えられます。

　まずは重要だと考えられることから報告を始めました。次に、壱岐にみられる文化がこの島にもあるかどうかについて報告します。壱岐でも言われている、ドシ、チングーはこちらでも使われており、もともとはこの両者は同じ意味であり、同年齢を意味していましたが、ここでは、同じ意味ではなくなっており、人、場所によってその意味は変わりますが、一般的に言って、ドシは同じ年の友だちでチングーは仲の良い仲間を意味しています。しかも、これらの言葉

は日常的には使われておらず、ある程度年齢のいった人が時々使う言葉になっています。但し、使われれば、聞いている人は大体その意味は分かるといいます。生業が漁業と農業なので、その関係から、こういった言葉が使われる傾向が壱岐の場合ありますが、ここでは生業が継続していても、現代風な言い方に変化しています。但し、人間関係は昔とそれほど変化していないので、言葉が完全になくなることは考えにくいといえるでしょう。

　ドシはこれまで、同志から派生したなどと言われていますが、ドーシという長母音が短母音のドシになるということは通常ないので、これには問題があります。北部九州一帯では、同じ年の人をオナッドシと呼んでおり、可能性としてはこのオナッドシのドシがドシという言い方になったと考えられます。次にチングーですが、これは現代韓国語のトモダチの意味ですが、朝鮮王朝時代は同年齢を意味したと考えられます。つまり、昔日の意味が日本に残されているということですが、チングーの分布は、江戸時代の鯨組の分布と重なっており、朝鮮人が、鯨組の労働者として渡航していた可能性が指摘できます。もちろん、文献資料には出てきませんが、民俗資料を見ると、渡来がなければ、言葉だけ伝来することは考えられず、そうなると、鯨組を通した渡航が可能性として浮かび上がります。実際、平戸の生月においては、労働歌があり、それは、三拍子の日本語になっています。通常、日本の民謡は二拍子であり、三拍子は朝鮮の歌であるので、リズムは朝鮮になっており、朝鮮人渡航の可能性がより高まります。

写真解説

　2020年からコロナが広がった関係から、唐津の離島における「地蔵祭り」は開催されないところが増えました。2021年は、規模縮小でやったところややらなかったところに分かれました。今回は、もともとから他所の人々が来ない、島内だけで「（弘法）大師さん」の祭りをやってきた馬渡島の事例を取り上げます。ここはもともとから他所からの人々が来ない関係で、祭りをやりやすくなっています。しかも、祭り内容は他の島と同様であり、他所からの人々が来ないというところが違うだけになっています。

　まず、現在の祭りのやり方ですが、もともとは「大師さん」をまわるのは、馬渡島の人々が参加者全員でまわっていましたが、現在は、ひとり一人に変更になりました。これは規模縮小であり、70代、80代の人々の参加者が、身体等のことが理由で、参加者が減り、ひとり一人に変更されたからです。この祭りでは、70代、80代がまわり、まかないや準備を50代、60代の女性たちが中心でやっていて、高齢者の参加が減ると規模縮小になっています。また、名目上は「大師さん」になっていますが、実質的には、大師だけでなく、地蔵や観音も含まれています。そして、地蔵に典型的に表われているように、無縁仏供養にもなっています。

　さらに、変更は、まわり方だけでなく、行く場所にも表われています。もともとは礼所がいくつもあり、それをひとつ一つまわっていたのですが、そしてその礼所には個人の家にある「ご神体」も含まれていましたが、現在に至り、複数の礼所を一ヵ所にまとめて、まわりやすくしてあります。礼所にはそれを始めた人や「ご神体」をつくった人などの名前が彫ってあり、誰が始めたかもわかるようになっていました。

　準備段階では、準備担当の各班の代表者が、豆ごはん（小豆ごはん）と1円、5円を入れるカゴをご神体ひとつひとつにそなえる。まわる人々は1円、5円をカゴに入れながらまわります。また、この祭りは旧暦の3月21日になっており、春分の日であり、お彼岸の日になっています。他の島では春だけこの祭りが行なわれていますが、馬渡島では旧暦の9月21日の秋分の日のお彼岸でも同じ祭りをしています。ここでは他所からの人が来ないので、まかないなどがなく、年2回でも可能になっています。彼岸というのは、仏教的には悟りを開ける状況を意味しますが、日本では、彼岸の時は、一年であの世とこの世が一番近くなるときであり、あの世つまり極楽浄土に行くことができるときになります。お盆が、先祖、無縁、その他が帰ってくるときと違い、この祭りは無縁仏とのやり取りで、極楽浄土と関わることができるときになっています。

　無縁仏を無縁さん、弘法大師を大師さんと呼び、身近な存在にしており、この身近な存在を介して、極楽浄土との関わりをつくっていけるのが、この祭りになっていると考えられます。

次にお堂は、ここにもあり、堂もりもいて、その維持に努めています。お地蔵さん巡りの際は、この堂の人間関係が重要になり、お地蔵さん関係も実際は堂の人間関係でまかなわれています。これも壱岐と同様になっています。お地蔵さんは実質的に無縁仏供養にもなるので、やはり堂の人間関係に関わるといえます。

　無縁仏信仰・供養も、同年齢集団も、それからお堂もすべて壱岐と同じになっています。違いがあると表面上言えるのは、無縁仏供養のお祭りに、この島の場合、他所からの人々が大勢で参加するという点になります。しかしながら、これは、現在の壱岐だけをみると、同じ島の人々が他のムラの祭りに行くが、他の島などからの人々が来てはいない、という現在の視点から言えることであって、もともとどうであったのかということではありません。島の規模がより大きく、今では他所からの人々が来ていないだけのことであり、別の規模のより小さい島の事例を見ると、他所からの人々が来ていることが分かるのであって、もともとは壱岐においても同様なことがされていた可能性があるといえます。このように、やはり、海域のレベルで考えないと実際の歴史についての認識が獲得できないのであり、常に、海域全体を考えながら、特定の場所、島について考えなければならないといえます。

　次が、島の規模では加唐島よりも大きい、馬渡島です。ここでは前述のように、お地蔵さんの祭りに他所からの人が来ることはありません。理由は、江戸時代はキリシタン、明治になってからはカトリックの信者が島の人口の半分だからです。江戸時代においては、

この島の住民というだけで、キリシタンに見られる可能性があり、それを避けるためにちゃんとお堂に集まり、自分達はキリシタンではないと表明しなければな

らなかっただろうし、お堂のメンバーを相互に実質的に監視する必要もあったでしょう。だから、島にお堂は一つしかないのです。また、島にカトリック教会が一つあり、それへの対抗意識があったのではないかとも考えられる。ここのお堂は、唯一であり、教会とお堂が一つ一つで、対をなしています。

　この島に関連することで、馬渡島の人々が壱岐に渡ってきて形成したムラが壱岐にあります。この村は今もあり、それは、なんとエビス村と呼ばれています。一般的にエビスと言えば、自分のムラの人間ではない外来者との意味となります。壱岐とはそれほど距離の離れていない馬渡島からでもエビスになるというのには驚きました。それだけ、島の人間とそうでない人間の区別が明確になっているということになります。一応、漢字では恵比寿となり、それなりの福をもたらす意味となり、これは無縁仏と同義になっています。つまり、馬渡島からの人間は、壱岐の人々にとって、無縁さんなのであり、ちゃんと受け入れないとバチが当たるが、ちゃんとした対応を

すれば、福をもたらしてくれると信じられています。一般的にはこの表現のように、この海域でも瀬戸内でも無縁は無縁さんと呼ばれており、人々にとって身近な存在になっています。忌避すべき相手、危ない存在などにはなっていません。無縁を有縁化することの意味合いがここにも見て取れるでしょう。もともとは自分と関係ない無縁なのでありますが、それが供養を継続していくことで、無縁さんになり、身近な関係になっていきます。このような死者との対話で、死んでしまった後に、自分たちと深いかかわりを持つ存在になるという無縁仏信仰の底の深さを知ることができます。

　馬渡島という島にお堂が一つしかないというのは、この海域で見る限り相当に稀になる事態です。通常は、数十世帯単位でお堂があります。このようにお堂が一つしかないのは、そこにメンバーシップが限定され、そこのメンバーがこの島の場合最大では 1000 人単位になったと考えられますが、それでも一つしかないのは、ここのメンバーがお互いに知り合いにならなければならないことに求められるでしょう。それだけ、キリシタンとの関係が問われていたという、証拠になります。言い方を変えれば、それだけ外の人との関係が重要だったので、このような態度を取らなければならなかったといえるでしょう。もちろん、キリシタン改め等の権力者からのまなざしもあったでしょうが、それ以外の人々との関係上、キリシタンだと思われると、自分たちが不利になると考えられたのでしょう。島の中では相互監視をして、外の人と関わるときには、キリシタンではないといえるようにしておかなければなりません。恐らく、相

当なプレッシャーがあったと想像できます。このような条件下にあって、わざわざ、お祭りのときに、他所から人を呼ぶなどといったことができるはずがなかったでしょう。実際、他所の人もキリシタンかもしれないという疑いを持った可能性があります。この江戸時代の慣習が、明治後もそのまま維持されています。もともとこの海域の人々が共有していたひとつの共同体が共同体になるのは、他の共同体との関係、ということがこの島では実現できていません。しかも、無縁仏供養というこれまた重要視されている信仰も他所の人と一緒に行うことが許されませんでした。恐らく、島の人々は他の島と比べて、自分の島は違っていると感じていたことでしょう。ところが、壱岐に行った人々は壱岐においては恵比寿になっているのであり、自分たちが単なるヨソモノではなく、福ももたらす恵比寿になっているのですから、自分たちの処遇は、いかにヨソモノであっても、それなりの待遇になっていることを壱岐にいる馬渡島の人々も感じたに違いありません。

　このような特殊条件のある島であり、カトリック系の人々は島の中心には居住しておらず、島の上の方に住んでいます。もともとキリシタンは島の中心部からはずされており、それがそのまま現在まで維持され、上の方がカトリックの人々が住む場所になっています。日常的に差別などないように、お互いに気を使いながら生活していますが、もともとはカトリックとの婚姻などもありませんでした。生活のレベルで関わることがあっても、婚姻のことではまったく別の社会を形成していました。いまでは多少ではありますが、通婚す

る者もおり、事情は少しずつ変化しているが、まだまだ、非カトリックとカトリックの区別は存続しています。

　よくよく考えてみると、無縁仏信仰に見られるように、自分とは関係のない人の供養をして当たり前であり、相手と信仰が違うからと言って差別する文化はもともとないはずでありますが、キリシタンは法律で禁止されており、そのために、セグレゲーションが当たり前になっていました。これは、土着信仰のレベルをこえた規制であり、もともとの信仰自体が有する区別・差別ではありません。本来的には、非カトリックとカトリックには相互に承認・理解する文化があるはずですが、それが江戸時代には実現できなかったといえ、それがそのまま明治以後も続いたと考えられます。

　平戸も同様ですが、キリシタンは自分たちの神がキリスト教の神であり、それ以外の神がいることも認めており、そしてそれが認められなければ、現地の非キリシタンとは一緒に生活できなくなるので、この点が、いわゆる一般のキリスト教徒とは異なると考えられます。日々の生活のなかで非キリシタンとも普通の関係になっており、違うのはキリスト教の神を信じているという点でありますが、他者の神を認めているので、孤立は避けられています。このようにいわゆるアニミズムを肯定した生き方を日本のキリシタンは選択したのであり、それによって、日本でも普通に生活できていました。また、彼らの中にはいわゆるアニミズムだけでなく、祖先崇拝も入っており、事実上このような点もヨーロッパにもあるのであり、日本独自の形態ではありません。日本のキリシタンは異教徒とも共存

共栄の形になっているといえるでしょう。非キリシタンもこの点は分かっており、徳川幕府による禁教の結果、婚姻もされてきませんでしたが、この婚姻を除けば、別段差別のような待遇にはなっていませんでした。民衆の宗教観にはもともと他宗教排除の考え方はないので、キリシタンの場合、政権がそれを禁止したことによって、差がつくられたと考えられます。

　何の変化もないような島に見えますが、歴史的に見た場合、昭和31年に、この島のカトリックを中心とした人々は、なんと300人がブラジルに移民しています。当時は、日本は高度経済成長期であり、日本国内に職もあったはずですが、わざわざブラジルに移民しています。一応、この島の出身の人の引きがあったと言いますが、引きがあったとしても、何も知らない外国に出ていくというのは、通常ではあまり考えられません。一応、理由としては、ブラジルもカトリックの国であり、そこで自由に信仰を展開して、自由に生きられる国だということが考えられます。移民した人は地元の教会には連絡等したでしょうが、地元の非カトリックの人などには何の連絡もなく、もちろん、帰国などもしなかったといいます。完全に、「脱出した人々」になっています。キリシタンからカトリックになった人々が、この島から脱出したと考えた方がいいでしょう。

　江戸時代において人々は自分のいた場所から移動することはできなかったので、不満があろうがなかろうが、その土地にいるしかできませんでした。明治になると事情は変わり、移動の自由があることになり現代に続いています。もともと隠れキリシタンであった

人々がカトリック信者になり、カトリックとしての生活を始めたの
ですが、江戸時代から続く、それなりの処遇には相当な不満があっ
たでしょう。地元の生活自体には不満があったとは思えませんが、
どこに行ってもキリスト教徒のラベルがついてまわり、それは一生
の間続きます。もし、カトリック国のブラジルに行けば、皆がカト
リックであり、変な特別な対応はなくなります。そして、ブラジル
行きをした人は、もともといた地元には何の連絡なく、帰ることも
なく、そのままブラジルの人となりました。これを見る限り、やは
り、キリスト教徒として日本で生活することの難しさが感じられま
す。

　次の島が松島です。この島は加唐島の隣に位置し、もともとは無
人島だったのですが、黒島にいたキリシタンが加唐島にやってきて、
この島の女性といっしょになり、つまり、非キリシタンと結婚して、
隣の松島に住み込むようになったのが、島の始まりだといいます。
その後、黒島の方から人々が来て、ある程度の人数になったといい
ますが、松島には海岸の方にほとんど平地がなく、上に登っていく
以外に住む場所はなかったのであり、相当な苦労が必要だったと考
えられます。現在、人口 64 人で、すべてカトリック住民です。カ
トリックなので、週一回神父が来てミサをする教会はありますが、
お堂は当然ありません。伝統文化については、今でも、年寄りを中
心にして、ドシ、チングーという言い方は残っています。職業はそ
の大半が潜り漁業であり、これはこの島に人が住みだしてからずっ
と維持されています。一応、漁協は加唐島の方にあり、隣の島との

関係があります。しかしながら、人的関係は希薄であり、やはり、同じ潜り漁業をするカトリックとの関係が重視されています。松島はすべてカトリックなので、伝統文化の維持は言葉ぐらいしかありません。

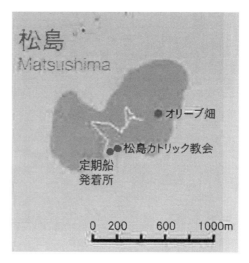

それから小川島です。

小川島は江戸時代において鯨組で栄えた島であり、鯨組に関係することがいたるところに見られます。まず、88歳の老人と話したところ、ここでは、ドシ、チングーだけでなく、ホービャーが使われており、この近辺ではこの島だけで使われているといいます。それから、ホービャーは、もともとはホーベイからきており、このホーベイは、朋友がその原義だと語りました。この語り口は、兵庫県の室津と似ており、室津においては、瀬戸内海では大体ホーベイという言い方が一般的ですが、ここでは朋友という言い方だといいます。今では、単にトモダチというと、この朋友の意味として使われています。共通語化して、別の言い方になっていったのは、須恵村、人吉のドーネンと似ていると言えます。室津の場合、江戸時代においては西国大名が集まった場所であり、そのために、中国人が来ていた可能性を私は考えました。中国語で朋友は友人を意味し、日本語ではこれをポンユーなどと言います。ホーベイとは異なり、

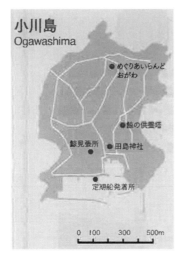

小川島
Ogawashima

めぐりあいらんど
おがわ

餌の供養塔

鯨見張所
田島神社

定期船発着所

0 100 300 500m

中国語の正式な言い方を踏襲した可能性を考えたのであります。この老人は、そのことを後付けするような発言をしています。小川島でもポンユーという日本語の言い方を使っています。この老人の語りの可能性としては、瀬戸内海にも関わっていた鯨組の影響があったと推測できます。また、壱岐ではホーベイをホーベーと呼んでおり、これがここに伝わったと言えます。壱岐にももともと鯨組がいて、小川島も壱岐の土肥氏が一時支配していた時代があったので、その後も相互交流したと見られます。ホービャーは、平戸でも使われています。この言い方は、平戸の言い方と同じになっています。

　鯨組については、現存する5つのお堂のうち、3つまで鯨組関連になっており、壱岐の場合は、鯨組と関連するお堂などないことと比較すると、この島では鯨組支配が徹底していたと考えられます。

　この島が鯨組で発展した理由には、この島では水が豊富であり、ちょっと掘っただけでも水が出るし、高台になると塩水が混入しないために、真水が入手可能になっていました。島全体にはそれほどの起伏はなく、大体平地で、それに高台が数カ所あるぐらいです。もともとから、人が住むのに適した島だったといえます。

　鯨組支配の島ではありますが、お堂巡りは他の島と同様に盛んに行われており、恐らく、この島が最も他所との関係が、鯨組との関

係でも深かったといえるでしょう。ということは、この島から他所への出入りも相当あったと考えられます。

それから、調査に行った私と関係することについても言及します。これらの島での言葉は一応、北部九州方言であり、その地独特の言い方は難しいが、大体のところは私は理解できる範囲にあります。ところが、小川島については、私の郷里大牟田的な言い方が通じ、ほとんど大牟田での言い方で生活できることが分かりました。現地入りしたその日に、現地の人から、「小川島に何年いるのか？」と聞かれたときには私は驚きました。それだけ、方言が似ているということであります。ここで考えるべきことは、鯨組は、この一帯で昔日、年間労働者が２万人だったと推計されており、そのうちの大半は他所からの人々になっています。山口県の祝島も壱岐に出稼ぎに出ており、瀬戸内の鞆の浦も壱岐や平戸に鯨組の関係で出ていました。これによると、有明海からの鯨組労働者がいた可能性があるでしょう。もともとの島の人よりも人数の多いところからの人がいたならば、言葉も変容して当然であります。

しかしながら、この検証のためには別のことも考えなければなりません。それは、鯨組に関わった人々の文化です。この海域では、瀬戸内方面も含めて、小値賀島を除く島々、海岸部いずれにも、同年齢集団が形成されており、鯨組の鯨取りの仕事の時に、この同年齢集団がグルーピングに使われていたと考えられます。小値賀島にはこの同年齢集団がないので（小値賀島にも有名な小田組という鯨組がいたのに、同年齢集団がないのでありますが、地元の文化とは関係なく捕鯨

に有利な場所だったのでここに拠点を置いたと考えられます)、鯨取りそのものではなく、ここの人々が働いたとすると、鯨取りそのものではなく、納屋関係の仕事になると考えられます。小値賀島は例外であり、これ以外に同年齢集団がいなかったところはどこにもありません。

　このように考えると、有明海からの人々も同様の同年齢集団が形成していなければ、鯨組への参加は難しかったと考えられます。これまでの研究によれば、熊本県の須恵村には同年齢集団である同年があり、それは私の調査によれば、もともとはホービャーと言われていました。この言い方は平戸と同じであり、海経由でこの言い方は伝播したと考えられます。須恵村の隣の人吉にもこの同年はあり、コメディアンのうっちゃん、なんちゃんのうっちゃんもここ出身で、今でも同年の集いには参加していると言われます。地理的にみると、人吉の海岸部は水俣であり、ここに同年齢集団があれば、不知火海、有明海にも同年齢集団がいることが確認可能になるでしょう。これは今後の課題であります。

　次が、生業が潜り漁業では松島と同じ向島です。最初にここに来て、驚いたのは、私のお堂はありますか？　の質問に対し、「それはなんだ」の反応があったことです。この島の人にとっては、お堂などと言われても、何のことか分からないのです。これには驚きましたが、事実、この島にはお堂はありません。ずっと昔からない、ということで、もともと豊臣秀吉の怒りを買い、地元の大名がこの島に逃げてきて、この島の居住がはじまったという一種伝説があり、

そのときから、潜り漁業であり、生業としての釣り漁業などはこれまで誰もやっていませんでした。もちろん、個人で釣りはありましたが、生業としては潜り漁業でした。豊臣秀吉の時代からずっと同じ生業だったので、釣り漁業に見られるように、共

同でする作業はなく、生業はすべて個人でやるだけでした。お堂がないことは、このような生業と関係があると考えられます。この島の人々は、今でも協同で何かをすることが不得手であると区長は語りました。いままで協同でやらなければならないことがありましたが、大体、うまくいかなったといいます。この島で他者と何らかの一緒に仕事をするのは、年に一回の神社の祭りと、地蔵巡りの二つだけになっています。この二つ以外は、協同で何かをすることはないのです。

　お堂の無い理由は生業との関係になります。これによって共同体のあり方に違いがあるのですが、一般的には、お堂のない理由が生業に求められるというのはあまり例がないように思われますが、実際にこうなっています。しかしながら、生業形態上、お堂がないとしても、共同体が形成されているので、共同性もあるのであり、その形態が、お堂があるところとは異なっているという点が注意点になるといえます。実際、ここでの共同性は、年に一度の祭りと地蔵

祭りであり、生業上の協同はなくとも、共同体としての協同はあるのであり、それによって、ここでも共同体が形成されています。

お堂はありませんが、通常お堂のメンバーでやっているような地蔵巡りは盛んにされてきました。つまり、地蔵巡りは他所からの人々との関係であり、その関係をこの島でも重視していました。このような伝統は今でも継続されています。また、神社の祭りの際も、他所からの人々でにぎわってきたと言い、他所との関係が重視されてきたことはこれからも分かります。

しかしながら、供養一般については変化も見られます。この島の墓地は山の上にあり、下界を見渡せる場所にあって、その墓の作り方も他所と同様、入り口に無縁仏が置かれていますが、区長の話によると、入り口の無縁仏供養からやるようなしきたりは伝わっていないといいます。つまり、個々人が別々であり、親から引き継がれない限り、伝統は継続できなくなっており、伝統文化の維持は社会変化によって、困難に直面しています。この島独特のお堂の無い生活にみられるこの島の共同性のあり方は、このような面にも影響を与えていると考えられます。

しかしながら、近代になって一般的になった個人主義とここに昔からある個人優先は別であり、今日の個人主義ならば、ムラの伝統など重要視されずに、個人の自由にすればいいだけになるでしょうが、元々は、生業上、個人優先であっただけであって、ムラの伝統を無視してもいいということではありませんでした。ところが、時代が今のような状況になるともともとあった個人優先が個人主義に

変容して、ムラの伝統についての配慮が十分ではなくなるといえます。もとからあった個人優先が、個人主義に変容したことが伝統を継承しなくなっていく要因だと考えられます。

この島でもドシも、チングーももともとから使われていたが、今ではあまり使われていないといいます。

高島は、その名の通り、平地に人々は住み、裏手には高く聳える山があります。島自体には起伏はなく、平地の先に山がある、という配置になっています。しかも、山からは川が流れており、これぐらいの規模の島では珍しいと考えられます。それだけ、山が山として、重要な役割を果たしていると考えられます。山を登ると頂上まで行けるようになっており、それは神社の後ろから伸びており、実質的に参道になっていますが、近年、地蔵巡りが廃止になり、この参道があまりつかわれなくなったため、参道の手入れが十分にされていません。頂上付近にも地蔵があり、この道は、必ず遍路が通る道になっています。

この島にも向島同様、お堂がありませんが、その経緯には違いがあると考えられます。この島の元々の住民の90％が所属する寺が唐津にあることで分かるように、もともとお堂があったが、その信者がこぞって寺に所属するようになったと考えられます。そうでなければ、９０％すべて同じ寺などという事態にはならないでしょう。ある時期にそれなりの判断がされたと見た方がよさそうです。一応、寺の名称も分かっているので、寺で後続調査予定です。お堂はありませんが、寺では通常されていないような、無縁仏信仰、地蔵信仰

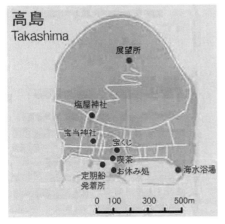

高島
Takashima

展望所

塩屋神社

宝当神社

宝くじ

喫茶

お休み処

海水浴場

定期船
発着所

0 100 300 500m

はお堂なしでこの島でやられています。通常、お堂があってやられているのですが、やはり、地元住民感情としては本土にある寺が、自分たちの島のお堂よりも格が上だと考えられたといえるでしょう。

ドシ、チングーは他の島同様に昔の人なら普通に使っていた言葉ですが、その意味を知っていても、今の人が使うことはあまりありません。ここの離島全般で言えることは、昔からある同年齢集団が実質的な機能がなくなっており、単に昔の言葉としての意味しかなくなっています。壱岐の場合だと、いまだに、ドシ、チングー、ホーベーは人間関係として意味を持っており、単なる昔の言葉の意味ではありません。実際に意味を持って使われているかどうかの違いがここにあると考えられます。

　最後が神集島でカシワ島と呼びます。名前だけだといろいろといわれがありそうな島であり、確かに、古文書にこの島のことが出て来るし、相当に歴史が古いことも分かります。島には、お堂がどんと構えており、他の島あるいはそれ以上にお堂に深い意味があることを知ることができます。当然、この島では88カ所巡りといわれる、お堂巡りもずっと行われてきました。この島だと、やはり他所からの人がお参りに来るだろうと思えるような風情が感じられます。先述したように、加唐島では百済の王子が誕生したことに見られる

ようにここの島々は朝鮮半島との関係が密です。それは古代にまで遡りますが、それ以後も関係があったと考えられます。そういった地元性から考えて、この島のネーミングである神の集まる島というのは、朝鮮半島との関連で、神々の集う島だと考えられたといえるでしょう。その島で、地蔵巡り、地蔵祭りが行われてきたというのは来る人々も、神が集まる島で地蔵の祭りをするのであり、そこにおける意味合いの深さを感じられるといえます。恐らく、この島の地蔵祭りはその意味で他所の人々にとっても何らかの意味があったといえます。

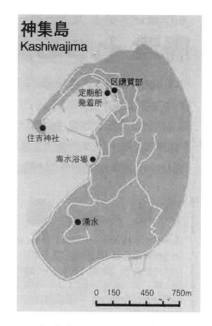

　ドシもチングーも他の島同様に使われていました。この点については他の島との違いもなく、今でも伝統文化が継承されていることが分かります。

　文中には出ていない基本文献を明示しておく。

基本文献

大沼保昭 1986『単一民族社会の神話を超えて：在日韓国・朝鮮人と出入国管理体制』東信堂。

大島建彦編 1988『無縁仏』岩崎美術社。

樋口直人 2014『日本型排外主義——在特会・外国人参政権・東ア
ジア地政学』名古屋大学出版会。
平野雄吾 2020『ルポ入管——絶望の外国人収容施設』ちくま新書。

あとがき

　入管関連の事件では、スリランカ女性、ウィシュマさんが、入管発表では原因不明で死亡した。そしてその報告書によれば、ケトンがプラス3であり、事実上飢餓状態になっていたことは分かっていたが、何らの対応をしなかった。つまり、このまま何もしなければ、死ぬと分かっていた人間を放置したということである。この件に関連して、入管が準備していた法案は廃案になったりしたが、最も大きな影響は、入管で外国人が死んだことを一般の人まで知ったことになるだろう。多くの人は、入管が何であるのか知らないし、そこで何が行なわれているのかも知らないだろう。実のところ、これまで相当な数の外国人が死んでいるだけでなく、もともとは在日コリアン管理のための組織なので、人権侵害は、在日コリアンにとって、「普通のこと」であった。

　それから、2021年8月下旬になり、韓国はアフガニスタンから韓国人と300人以上のアフガン人を救出し、アフガン人は難民ではなく、韓国で合法的に生活できる外国人として受け入れると発表したその直後、日本はたった一人の邦人を保護したと報道された。入管としては、アフガンからの大量の難民が来なくて、大変喜ばしいだろうが、国際的には、韓国が人権擁護の先進国であり、日本は人権擁護のできない後進国だとされたに違いない。

　入管をこのままにしていたら、日本は世界中から非難・批判され

つづけるだろう。アフガンの人々のために命がけで貢献していた中村哲氏は大牟田在住の方であり、私からすると郷土の偉人である。この方が生きていたら、アフガン人への対応やこれとは別の、外国からは一種ドレイ制度といわれている「外国人実習生」の実態をどうごらんになるだろうか。もし昔の我々の先祖がそれらをみたら、「あり得ないこと」だと言うに違いない。日本はずっと他所からの人々を受け入れ、感謝してきた。これによって日本は発展できたのである。日本の伝統文化でもある無縁仏、無縁仏供養に基づく、多文化共生に基づく出入国管理に日本を戻さなければならない、私はそう考える。

原尻英樹（はらじり・ひでき）

立命館大学産業社会学部教授（エスニシティ論担当）。1958 年福岡県大牟田市生まれ。九州大学教育学部卒業。同大学大学院教育学研究科博士後期課程中退。ハワイ大学政治学博士（Ph. D.）、九州大学教育学博士（教育人類学）。放送大学教養学部文化人類学助教授等を経て、現職。専門分野：文化人類学、教育人類学、著書としては、『長崎のジャオドリと筑後の大蛇山』『マイノリティの教育人類学』新幹社、『フィールドワーク教育入門』玉川大学出版部、『「在日」としてのコリアン』講談社現代新書、その他多数。

日本の出入国と共生の理念

伝統文化から考える

定価：**本体価格 900 円＋税**

2021 年 11 月 20 日　初版発行

著　者	ⓒ	原　尻　英　樹
発 行 者		髙　二　三
発 行 所		有限会社 新　幹　社

〒101-0061 東京都千代田区神田三崎町 3-3-3 太陽ビル 301 号
電話：03-6256-9255　FAX：03-6256-9256

装丁：白川公康

本文制作・関月社／印刷・製本（株）ミツワ